우리에게 마음대로 살 권리가 있는가

INTERNATIONAL-KOREA

1865년 허드슨 테일러가 창설한 중국 내지 선교회(CIM:China Inland Mission)는 1951년 중국 공산화로 인해 철수하면서 동아시아로 선교지를 확장하고 1964년 명칭을 OMF International로 바꿨다. OMF는 초교파 국제선교단체로 불교, 이슬람, 애니미즘, 샤머니즘 등이 가득한 동아시아에서 각 지역 교회, 복음적인 기독 단체와 연합하여 모든 문화와 종족을 대상으로 예수 그리스도가 구세주이심을 선포하고 있다. 세계 30개국에서 파송된 1,300여명의 OMF 선교사들이 동아시아 18개국의 신속한 복음화를 위해 사역 중이다.

OMF 사명
동아시아의 신속한 복음화를 통해 하나님을 영화롭게 하는 것이다.

OMF 목표
하나님의 은혜를 통하여 동아시아의 모든 종족 가운데 성경적 토착교회를 설립하고, 자기종족을 전도하며 타종족의 복음화를 위해 파송되는 것을 목표로 한다.

OMF 사역 중점
우리는 미전도 종족을 찾아간다.
우리는 소외된 사람들에게 관심을 갖는다.
우리는 복음을 전하는 일에 주력한다.
우리는 현지 지역교회와 더불어 일한다.
우리는 국제적인 팀을 이루어 사역한다.

OMF International-Korea
한국본부 (137-828) 서울시 서초구 방배본동 763-32 호언빌딩 2층
전화 02-455-0261,0271 팩스 02-455-0278 홈페이지 www.omf.or.kr 이메일 omfkr@omf.net

HAVE WE NO RIGHTS?

초기 중국 선교사들의 체험
우리에게 마음대로 살 권리가 있는가

글 메이블 윌리엄슨 옮김 나눔누리

Have we no rights?
CIM Book by Moody press
c/o MLM, chicago, Illinois 60610

우리에게 마음대로 살 권리가 있는가

초판 1쇄	2010년 3월 10일
재판 4쇄	2022년 12월 28일
지은이	메이블 윌리엄슨 (Mable Williamson)
옮긴이	나눔누리
발행인	홍응표
표지디자인	조주영
내지디자인	하늘기획 권기용
발행처	(주)로뎀
등록	2005년 12월 2일 (제 325-2005-00012호)
주소	부산시 사하구 다대1동 382-3 자유A 102동 2105호
전화	051-467-8983
팩스	051-467-8984
이메일	rodembooks@naver.com
ISBN	978-8993227-22-2

● 번역해 주신 **나눔누리**《영어와 성경을 사랑하는 분들의 모임 (천안 소재)》선생님들께 감사드립니다.

|목차|

서문

chapter 01_ 권리란 무엇인가? 11
chapter 02_ 평범한 삶을 누릴 권리 15
chapter 03_ 위생 수칙을 지킬 권리 27
chapter 04_ 내 일을 내가 결정할 권리 37
chapter 05_ 사생활을 보호받을 권리 43
chapter 06_ 나만의 시간을 가질 권리 53
chapter 07_ 약혼자와 데이트를 할 권리 63
chapter 08_ 평범한 가정생활을 할 권리 77
chapter 09_ 함께 살 사람을 선택할 권리 91
chapter 10_ 우월감을 가질 권리 101
chapter 11_ 운영에 관한 권리 113
chapter 12_ 예수님이 누리신 권리 135

서문

 당신이 들고 있는 이 책은 많은 사람이 읽어야만 하는 책이다. 그런데 솔직히 요즈음 같은 시대에 이런 책을 추천하는 것이 적합할지 모르겠다. 책의 부족 때문이 아니라 우리의 문제 때문이다. 다른 말로 하자면 우리는 자신과 자신의 권리에 너무 집착하고 있어서 우리에게 아무 권리도 없다는 이 책의 주제가 호소력이 있을 것 같지 않다.

 그렇지만 이 책을 읽어야만 한다. 나는 여러분이 읽을 것으로 믿는다. 1, 20년 전에 인기 있는 한 작가가 우리 세대를 "나 세대"(me generation)이라고 명명했다. 그러나 6, 70년대를 특징짓는 이러한 태도들이 시들어가고 있다. 자신만을 위해 사는 삶이 행복에의 길이 아님을 몇몇 사람들이 알게 된 것이다. 마아가렛 핼시는 최근에 뉴스위크지에 "나 중심적인 것이 왜 잘못인가?" 라는 기사를 쓴 적이 있는데 거기에서 그녀는 미국인들의 지나친 자기 몰두를 강력하게 경고했다. 그녀는 사람들이 '정체성 찾기'에 실패하는 이유는 '정체성이란 거저 주어지는 것이 아니라 어려운 선택과 노력, 그리고 타인에 대한 헌신을 통해서만 얻어지기 때문'이라고 했다.

메이블 윌리엄슨은 이 책에서 같은 맥락으로 말하고 있다. 그러나 그녀는 중국 내지 선교사로 수년 동안 사역한 경험에서 얻은 더욱 깊은 영적인 수준에서 이 문제를 다루고 있다. 먼저 그녀는 젊은 선교사들이 문화가 다른 선교 현지의 요구에 부응할 수 있도록 미리 준비하기를 원한다. 더불어 자기중심적 생활이 주님을 증거하는데 방해가 될까 염려하는 진실한 그리스도인들에게도 그녀의 경험을 전하기 원한다.

각 장마다 강렬한 내용이 담겨 있어서 사람마다 한두 군데 아주 마음이 불편해지는 부분이 있을 것이다. 평범한 삶을 누릴 권리, 위생 수칙을 지킬 권리, 개인적인 일을 결정할 권리, 사생활을 보호받을 권리, 개인적인 시간을 가질 권리, 약혼자와 데이트를 할 권리, 가정생활을 할 권리, 함께 살 사람을 선택할 권리, 우월감을 가질 권리, 경영할 권리 등 이러한 목차만 읽어보아도 이 책이 현대인의 가치관과 얼마나 현저하게 다른가를 가늠할 수 있다. 메이블 윌리엄슨은 이 책을 통하여 우리가 '평범한 삶' 이상의 삶을 살도록 요구하고 있다.

나는 이 책이 이 시대에 베스트 셀러가 될 것이라고 믿지 않는다. 그리고 많은 크리스챤 지도자들이 추천하는 '내 인생에 가장 영향을 준 책'으로 선택되리라고 생각하지 않는다. 그렇지만 당신이 이 책을 인생의 지침서로 선택한다면 나에게 그러했듯이 당신의 인생에 가장 영향력을 끼친 책이 되리라고 믿는다.

쩨임스 몽고메리 보이스

권리란 무엇인가?

부엌에서 컵을 닦으시며 어머니가 말씀하셨다.

"글쎄, 내가 나이 들어가고 아이들이 커 갈수록 부모가 자식에 대해서도 주장할 권리가 얼마나 없는지 많이 실감하게 되는구나. 고등학교 갈 나이만 되어도 더 이상 자기 자식이 아니야."

나는 물이 떨어지는 행주를 설거지 통에 넣으면서 놀란 눈으로 엄마를 보며 "하지만 엄마, 자기 자식이 아니라니요. 우리가 엄마 자식이 아니고 누구 자식이겠어요?"

잠시 침묵이 흘렀다. "그렇지만 – 너는 너 자신에게 속해 있잖아?" 엄마는 조용히 말씀하셨다.

미국 – 자유와 기회의 땅. 개인의 권리가 존중 받는 나라. 아메리칸 드림의 나라. 여기 미국에서 우리들은 다른 사람의 권리를 위협하지만 않는다면 모든 사람이 자기가 원하는 삶을 살 수 있는 권리를 가졌다는 사실에 대해 자랑스럽게 여긴다.

당신의 권리도 있고 나의 권리도 있다. 그런데 도대체 권리란 무엇인가? 대여섯명의 선교사들이 중국 선교관 내 소박한 거실에서 기도회를 위해 모였다. 그 중 한 명이 속에 있는 말을 했는데 그 요점은 이러했다.

"저," 그는 말을 시작했다. "고통을 감수하는 것(eating bitterness – 중국 속담에서는 고난을 겪는 것)과 손실을 감수하는 것(eating loss – 중국 속담에는 권리 침해를 당하는 것) 사이에는 굉장한 차이가 있습니다. 고통을 감수하는 것은 쉬운 일이지요. 선교단과 함께 2, 30마일 떨어진 선교지로 가서 텐트를 치고 마을에 포스터를 붙이고 몇 주 동안 전도 집회를 여는 것은 얼마나 설레는 일인지요? 딱딱한 판자에서 자거나 입에 맞지 않는 현지 음식을 삼시 세끼 먹어야 할지도 모릅니다. 그런데 그것이 매력이지요. 이런 단순한 생활로 돌아가 보는 것도 좋은 일입니다. 이런 잠시 동안의 고생은 누구에게나 유익합니다."

"내가 중국에 왔을 때" 그가 계속해서 말했다. "고통을 감수할 모든 준비가 되어 있었습니다. 그것이 특별히 어렵지는 않았습니다. 물론 중국 음식에 익숙해질 때까지는 얼마의 시간이 걸렸지만 생각보다 힘들지는 않았어요. 그런데 다른 —" 그는 한참 사이를 두고 말을 계속했다. "전혀 예상하지 못했던 문제가 생긴 겁니다." 그 "손해를 먹는 것 — 권리를 침해당하는 것을 겪어야만 했어요. 내 권리를 주장할 수 없었지요. 아무런 권리도 가질 수 없다는 것을 발견했습니다. 나는 모든 권리를 포기해야 했고 그것이 가장 힘들었어요."

그 선교사의 말은 옳았다. 선교 현지에서 고통을 견디거나 불편을 감수하거나 고단한 삶을 사는 것이 선교사를 위축시키고 힘들게 하는 것이 아니다. 선교사를 힘들게 하는 것은 훨씬 더 실제적인 어떤 것이다. 그것은 생활 현장에서 당신을 좌절시키는 것이다. 선교사는 그 자신의 방식을 포기해야만 한다. 그는 어떤 권리도 가지는 것을 포기해야만 한다. 예수님이 말씀하신 것처럼 자신을 부정하고 자아를 포기해야 한다.

바울은 이 문제에 대해 잘 알고 있었다. 고전 9장을 보라.

"우리는 먹고 마시는 권이 없겠는가? 일하지 아니할 권이 없겠느냐?" 그러나 우리가 이 권을 쓰지 아니하고 범사에 참는 것은 그리스도의 복음에 아무 장애가 없게 하려함이니라. 내가 모든 사람에게 자유하였으나 스스로 모든 사람에게 종이 된 것은 더 많은 사람을 얻고자 함이라.

선교사로서 바울은 복음을 위해서 기꺼이 자신의 모든 권리를 포기했다. 우리들은 이러한 준비가 되어 있는가?

그러나 누군가 물을 수 있다. "왜 이 일이 특별히 선교사에게만 적용되는가? 모국에서 사역하는 그리스도인들이 포기하지 않아도 될 어떠한 권리를 왜 현지에서는 포기해야 하는가?" 그것이 이 책에서 다루는 이야기이다.

02 chapter 평범한 삶을 누릴 권리

우리가 먹고 마실 권리가 없겠느냐? _고전 9:4

백발의 선교부 간사가 의아하다는 듯이 말했다. "그것은 다 관점의 차이지요. 요즈음 열대지방에서는 선교사들의 미제 냉장고를 필수적인 것으로 사람들이 생각해요. 그런데 창문에 있는 걸려 있는 싸구려 커튼은 선교사들 분수에 맞지 않는 사치품이라고 생각합니다."

중국에서 살던 소박한 선교관이 생각난다. 바닥에 싸구려 양탄자를 깔아놓았는데 시골 여인들이 양탄자를 밟지 않고 권하는 의자에 앉으려고 조심스럽게 돌아가는 것을 본 적이 있다. 깔개 양탄자는 그들에게는 침구에 속한 것이지 거실 바닥에 까는 것이 아니다. 양탄자를 좋은 이불과 같은 것으로 생각하는 것이다. 한 끼 식사를 위해 차려놓은 식탁에 대나무 젓가락 대신에 은 식기류, 맨 테이블 대신 하얀 식탁보 깔아놓은 것을 놀라운 눈으로 살피던 손님들이 생각난다. 또 현지 요리사는 자랑스러운듯이 방문객들에게 이렇게 말하는 것이었다.
"아 물론 선교사님들은 돈이 많아요. 항상 흰 빵과 고기를 드시고, 설탕도 아주 많이 사용하지요."

　영어 예배가 끝나고, 우리들은 다른 선교 단체의 여의사와 간호사와 함께 그의 집으로 저녁 초대를 받아 갔다. 그때 도시에서 사역하던 다른 단체의 선교사 말씀이 아주 감동적이고 자극제가 되어 주었다. 말씀은 누가복음 8: 14 "가시떨기에 떨어졌다는 것은 말씀을 들었으나 이생의 염려와 재물과 향락에 기운이 막혀 온전히 결실하지 못하는 자이니" 였다.

"틀림없이 말씀은 선교사들에게 하시는 말씀이었을 겁니다. 왜냐하면 그들이 이 말씀을 들었을 때 전도하러 나갔기 때문입니다." 계속되는 그의 설명은 이러했다. 선교사들은 사역을 방해하는 염려와 재물과 쾌락에 둘러싸여 있으므로 항상 깨어 있어야 한다. 선교사를 얽어매는 힘겨운 회계장부는 그로 하여금 영적 사역을 할 시간이 없도록 만든다. 도시에 있는 큰 선교 단체에서 이루어지는 교제의 장에 종종 등장하는 찻잔, 끊임없는 관리를 필요로 하는 집과 가구 등등. 그의 결론은 매우 진지했다. 왜냐하면 모든 염려와 쾌락 그리고 하나님보다 중요하지 않는 것들 때문에 선교사들이 온전한 열매를 맺지 못할 수 있음은 불행한 일인 것이다.

저녁 식탁에서 우리는 그 말씀에 대해서 흥미진진한 토론을 가졌다. 집 여주인인 의사가 절대로 잊을 수 없는 말을 했다.

"프랜시스와 나는 이집을 지으면서 꼭 지켜야할 원칙을 세웠어요. 우리는 이집에 평범하고 가난한 사람들을 불편하게 할 만한 어떤 가구도 들이지 않기로 했지요."

삶의 기준이란 어디까지를 말하는 걸까? 얼마나 중요한 걸까? 우리 선교사들이 스프링이 있는 침대에서 자든지 혹은 판자로 만들어진 침대에서 자는지가 중요한가?(개인적으로 나는 후자를 선호한다) 혹은 젓가락이나 손가락 혹은 포크로 먹는 것, 실크를 입던 투박한 옷을 입든, 의자에 앉든 바닥에 앉든,

가난하든 부유하든, 밥을 먹든 감자를 먹든, 우리에게 익숙한 방식으로 살든 혹은 현지 사람들의 생활방식을 따르든 그런 것들이 그렇게 중요한가?

우리 자신들에게는 상당히 문제가 될 수도 있다. 우리들 대부분은 쌀보다 감자를 좋아한다. 말하자면, 우리는 대부분 우리가 취해왔던 익숙한 방식을 좋아한다. 그렇다면 선교 현장에서 우리의 태도는 어떠해야 하는가? 가능한 한 우리가 고국에서 살았던 대로 누리고 살아도 되는가? 혹은 현지인의 생활 방식에 순응하도록 최대한 노력을 해야 하는가? 물론 이것은 다음과 같은 의문을 제기한다. 선교지의 주민들에게 그들의 생활방식에 따르려는 우리의 자세가 영향을 주는가? 더 나아가 복음의 전파와 관련이 있는가?

이런 의문에 대한 우선적인 답은 선교사의 생활 기준이 현지 환경에 따라 변할 수 밖에 없다는 것이다. 어떤 지역에서는 다양한 인종과 민족이 섞여 있음에도 불구하고 각각의 관습과 의상을 고수하면서 서로 조화를 이룬다. 그러한 곳에는 서양인이 많아서 서구 생활 방식이 현지인에게 친숙할 뿐 아니라 어느 정도 받아들여 지기도 한다. 이러한 상황에서는 서양 선교사들이 일상적인 생활양식을 바꿀 필요가 거의 없다.

그러나 대부분의 선교사들은 삶의 양식이 확연히 다른 지역이나 자신들의 생활방식이 현지인들에게 낯설고 전혀 이해받지 못하는 지역으로 파송받는다. 선교사들은 자신이 원하는 방식으로 일하는 사람들을 좋아한다. 자신과 비슷해 보이는 사람들에게 끌리고 자신과 달라 보이는 사람들은 무의식적으로 꺼리게 된다. 현지 사람들도 마찬가지이다. 피부색, 생김새, 옷차림, 언어, 예절과 관습이 다른 사람을 뚫어지게 바라보거나 웃는 것이 자연스런 반응이다. 사람들이 자기와 다른 사람에게 처음부터 호감을 갖는 것이 쉽지 않지만 선교사들은 사람들을 끌기 원한다. 사람들은 선교사의 메시지에 끌리기 전에 그 사람 자체에 끌려야만 한다. 그들은 선교사의 메시지를 수용하기 전에 선교사에게 먼저 마음이 열려야 한다. 우리가 현지인의 생활 방식에 더 잘 적응할수록 그들도 더 자연스럽고 쉽게 우리를 받아들이게 될 것이다.

몇 년 전, 영국 CIM 회의에서 나온 보고에는 중국 현지 경험에서 나온 다음과 같은 교훈이 있었다. 선교 대상자들이 사회적이고 일상적인 삶의 조건들에 가능한 한 가까이 일치하면서 살려는 의지가 필요하다는 것이었다. 물론 이것은 선교사들마다 각기 다른 생활 기준에 따라 사는 것을 의미한다. 예를 들어 나와 언니 프랜시스는 CIM 소속인데, 나는 지난 몇 년간 현대적이고 부유한 도시 싱가포르에서 살았다. 수도, 전기, 가스가 공급되고 현대적 배관 시설이 있는 평범한 중산층 생활을 했다. 현지의 사회적 기준과 생활수준에 맞추어 산 것이었다. 같은 시기에 내 언니는 필리핀에 있었는데 정글 속 개간지의 야자수 잎으로 지은 오두막에 살면서 손수 물을 길어 나르며 잠은 맨바닥에서 잤다. 언니 역시 그곳 사람들과 같은 사회적, 일상적 환경에 맞추어 살았다. 바울은 다음과 같이 말했다. "내가 여러 사람에게 여러 모습이 된 것은 아무쪼록 몇 사람이라도 구원하고자 함이니"(고전 9:22) 오늘날 선교사들이 깨닫듯이 바울도 그의 사역 대상자들의 삶의 방식과 생활 기준을 수용해야 함을 알았던 것이다.

그렇다면 현지 생활 방식을 어느 정도까지 받아들여야 할까? 어떤 원칙을 따라야 할까? 우선 현지인의 생활 방식에 익숙해서 그 가정에서 머물 때 편하게 느낄 정도여야겠다. 만일 우리가 그들의 앉는 방식을 불편해하고 또 그들의 음식을 역겨워한다면 그들은 우리를 손님으로 초대한 것을 즐거워하지 않을 것이다. 내가 바나나 잎에 밥을 담아 손으로 먹는 것을 역겹게 생각할 수도 있다. 그렇지만 그런 역겨움이 드러나면 다시는 초대받지 못할지도 모른다. 그러면 그 집 주인은 나를 예의 없는 외국인으로 치부하고 나를 알려고 애써봤자 별 유익이 없겠다고 생각할 수도 있다. 그러면 내가 진정 말하고 싶은 예수님에 대한 이야기를 들으려고도 하지 않을 것이다. 우리가 정말로 그들과 친해지고 그들의 필요를 알게 되는 곳은 그들의 가정에서이다. 그들이 어떻게 먹고, 자고, 일하고 놀고, 무엇을 좋아하고 싫어하는지, 무엇을 소망하는지, 또 무엇을 두려워하는지, 어떻게 생각하고 느끼는지에 친숙해졌을 때 ― 한 마디로 우리가 진정으로 그들을 이해할 때에라야 우리는 적절한 방법으로 복음을 전할 수 있을 것이다.

두 번째로 우리는 선교지에서 이웃이 놀러 오기 편안한 수준에서 살기 원한다. 물론 외적이고 물질적인 것이 항상 사람의 마음을 끄는 것은 아니다. 현지인들과 똑같은 작은 오두막에 산다고 해도 마음으로 그들과 함께 하는 것을 좋아하지 않는다면 그들은 그것을 알아차리고 내게 호감을 가지지 않을 것이다. 그러나 사랑과 환대의 마음뿐 아니라 그들과 일치하는 생활 방식까지 있다면 그들이 훨씬 더 쉽게 다가올 것이다.

물론 이것은 아무 생각 없이 모든 현지 기준을 받아들이라는 말은 아니다. 거의 옷을 입지 않고 사는 중앙 아프리카에서

라도 나는 내가 옷을 입는 것이 도리에 맞지 않는 사치라고 생각하지는 않을 것이다. 그리고 이웃들이 야자수 잎으로 된 오두막을 쓸지 않는다고 해서 나도 청소를 안할 필요는 없다. 모두 빈랑 열매를 씹고 마작을 한다고 해서 나도 따라해야 하는 것은 아니다. 그러나 될 수만 있으면 현지 기독교인도 본받아 따를 수 있는 그런 종류의 삶을 살기 원한다.

여기 또 한 가지 고려해야할 사항이 있다. 선교사들은 아마 이렇게 말할지 모른다. "나는 할 수만 있다면 원주민들이 사는 것과 똑같이 살고 싶어요. 그런데 그런 생활을 감당하기가 힘들어요." 현지인들이 사는 것처럼 살면 건강을 유지하는 것이 어려울 수도 있다. 열대지방에서 태어나서 자란 사람은 그 기후가 그에게 맞다. 똑같은 기후가 온대지방에서 온 선교사들에게는 완전히 기운을 빼놓는다. 외국인들은 현지인보다 그곳 질병에 대한 면역이 더 약하다. 선교사들이 현지인들의 음식만 먹는다면 건강이 상할 수 있다. 현대적 시설이 없는 곳에서 집안일을 전부 혼자 한다면 복음을 전하거나 언어를 공부할 시간이 없을 것이다. 대부분의 선교 현장에서 적절한 육체적, 정신적 건강을 유지하려면 현지 생활방식을 융통성 있게 바꿀 필요도 있다.

여러 시행착오를 거치기는 해도 낯선 것들이 점차로 익숙해진다. 나는 중국에서 수년간 사역한 후에 인근 선교지를 방문한 적 있다. 언어연수를 막 끝낸 젊은 부부가 그곳에 도착했다. 그들을 만나고 싶었는데 보이지 않았다. 내가 궁금해 하자 사람들이 말했다. "지난밤 파티에 초대받아 갔었는데 배탈이 나서 누워 있어요."

내 가슴은 철렁 내려앉았다. 중국음식도 못 먹는 사람들이 무슨 사역을 하겠는가? 절박하게 도움을 필요로 하는 작은 시골교회에서는 일할 수도 없겠네. 그곳에서는 서양음식을 절대로 구할 수 없다. 차라리 고국에 머무는 것이 나았을 텐데.

그러나 몇 년 후, 그들은 시골에서 사역을 시작했고 무리 없이 잘 감당했다. 더구나 그는 아내가 해주는 어떤 서양 음식보다 현지의 보통 음식을 더 좋아하게 되었다. 그것을 보면서 내가 한 가지 깨달을 것이 있다. 현지 음식이나 생활 환경을 두려워하는 신참 선교사들에게 큰 위안이 될 수 있는 깨달음이다. 어느 정도의 기간이 지나 익숙해지면 어려움이 쉬움으로 바뀔 뿐 아니라 싫어하는 것이 좋아지기까지 한다. (dislike에서 dis가 빠지고 like만 남게 된다.)

신참 선교사는 한 두 집을 방문하는 일에도 고참 선교사의 도움을 필요로한다. 모든 것이 낯설고 모든 것이 이상하다. 모든 것이 신경을 소모시킨다. 앉으라고 권해주는 자리도 불편하고 접대 받는 음식이나 음료수도 그리 마음에 들지 않는다. 오가는 대화를 다소는 알아들어도 그 대화의 맥을 따라가는 것은 그를 상당히 지치게 한다. 집에 도착할 무렵이면 아주 소진된다. 그것이 전부가 아니다. 그는 자신을 데리고 나간 선임 사역자를 바라본다. 그는 수년간 이 일을 해온 사람으로 약간 등이 굽고 분명 건강이 좋지 않다. 그는 모인 대중에게 두어 번 설교도 했고 끊임없이 대화도 했다. 듣고만 있었던 젊은 선교사는 지쳤다. 그런데 어찌 된 일인지 나이든 선교사는 생생한 상태로 집에 돌아오는 것이다.

신참 선교사는 사역지에서 모든 것이 불편하고 무의미하고 힘들게 보이는 단계를 종종 거쳐야 한다. 그렇다고 의기소침해질 필요는 없다. 고참 선교사도 마찬가지였을 것이니까. 변화는 더디고 신참 선교사는 상당 기간 동안 아무 변화도 느끼지 못할 수 있다. 그러나 포기하지 않는다면 몇 년 후에는 익숙해져서 어려웠던 것들이 쉬워짐을 확실히 알게 될 것이다. 대부분의 사람들과 마찬가지로 그 익숙함이 좋아할 수 없었던 것을 즐길 수 있는 것으로 만들었다는 것을 알게 될 것이다.

한 엄마가 아이에게 야채를 먹으라고 어르고 있다. 아이는 "나 야채 싫어요." 라고 한다. "먹어야 돼, 몇 번만 먹으면 익숙해질 거야. 좀 지나면 좋아하게 될 거야."

아이는 고민하며 잠시 꼼짝 않고 앉아 있다가 소리친다. "난 그런 끔찍한 것들을 좋아하고 싶지 않아요."

다른 민족의 삶의 방식, 관습, 기준 - 우리들은 정말 그런 것들을 좋아하고 싶을까? 아니면 우리의 것만이 유일하게 옳고 좋은 것이라고 고집스럽게 집착하면서 주장하고 있지는 않는가? 정말로 중요한 것은 마음의 태도다. 우리가 기꺼이 우리의 기준을 포기하고 우리의 능력의 한계 내에서 다른 사람의 기준에 맞추어 살려고 애쓸 때, 주님은 그 능력의 수준을 꼭 필요한 만큼 가장 좋은 정도까지 높여 주신다. 그러니 선교지에 가기 전에 우리 자신의 생활수준에 맞추어진 모든 권리를 포기하자. 그리고 우리를 보내시는 곳의 사람들 기준을 주님이 주시는 힘으로 만족스럽게 포용할 수 있도록 준비하자.

03 위생 수칙을 지킬 권리

"선교사들은 자신들이 치를 대가를 미리 예상해야 하고 궁핍한 삶, 힘든 삶, 그리고 고독하고 위험한 삶을 살 준비가 되어 있어야 한다. 건강할 때뿐 아니라, 병들었을 때에도 하나님께서 그 필요를 채워 주실 것을 믿어야 한다. 왜냐하면 전문적인 의학치료를 보장 받기가 불가능한 때도 있기 때문이다. 그러나 신실한 종들은 자기를 부르신 그분을 위해 치르는 어떠한 희생보다도 그리스도와 그의 말씀 안에서 받게 되는 영적 충만, 존귀함, 기쁨, 능력이 더욱 더 큼을 알게 될 것이다." _CIM의 해외선교 지침서 (1955), p.4

무더운 날씨 때문에 나는 팔이 책상바닥에 들러붙지 않도록 큰 손수건을 책상 위에 조심스럽게 펴고 펜을 들어 복잡한 중국어 글자를 공들여 쓰기 시작했다. 몇 분마다 얼굴에서 흐르는 땀을 닦기 위해 쓰기 연습을 멈추었다.

"나랑 웡 아저씨 집에 같이 안 갈래?" 언니가 방으로 들어오며 말했다. "목사님 사모님이 같이 가기로 했는데 손님이 오셔서 갈 수 없게 됐어. 같이 가면 중국어 연습할 좋은 기회가 될 것이니 시간 낭비는 아닐 거야."

우리는 우산, 야자수 잎 부채, 간편한 짐 가방을 챙겨서 출발했다. 뜨거운 태양이 내리쬐고 바깥이 실내보다 더 더웠으나 다소 산들바람이 불고 있었고, 곧 접어든 상쾌한 시골길도 더위를 식혀주었다. 어느새 목적지에 도착하니 웡 부인과 딸이 호들갑스럽게 우릴 맞았다.

"이렇게 더운데 두 분 선생님이 와 주시다니! 우리에겐 너무 황송한 일이예요. 선생님이 사시던 귀한 곳에선 이런 더위에 익숙하지 않았을 텐데 몸에 병이라도 날까 걱정이네요. 여기 앉아서 좀 쉬세요. 이 그늘에 있는 대나무 자리 침대가 우리 집에서 제일 시원한 곳이랍니다. 애야, 부채 좀 가져오렴. 어머, 선생님들도 갖고 오셨군요. 이런 날씨엔 부채가 필수품이죠. 얘야, 빨리 불 피워서 차 좀 준비해라." 그리고 갑자기 생각난 듯이 말했다. "아참, 차 잎이 다 떨어졌지. 얘야, 이웃에 가 좀 빌려오렴. 이 근방 사람들은 가난해서 없을 테니 마을 저 끝쪽에 있는 넷째 숙모 집에 가거라."

우리는 늘 집에 끓여서 식힌 물을 항아리에 담아 놓고 있으나 여기엔 그런 게 없다. 끓이지 않은 물을 마신다는 건 우리나 그녀에게 생각할 수 없는 일이다. 우리는 차 잎을 우려 만든 차이든 그냥 끓인 물이든 아무 것도 마시지 않겠다고 극구 사양했다. 그러나 부인은 들으려하지 않았다. 그러다 갑자기 한 아이디어가 그녀에게 떠올랐다.

"아! 훨씬 나은 게 있어요. 얘야, 마당에 가서 오이 좀 따 오거라. 그게 뜨거운 차보다 낫겠다. 갈증 해소엔 그게 안성맞춤이겠네."

딸이 뛰어 나갔다. 몇 분 후 큰 아들이 차가운 우물물이 가득 담긴 두 개의 물통을 지고 와서는 거의 비어있는 돌 항아리에 부었다. "세수는 찬 물로 하실래요? 더운 물로 하실래요?"

웡 부인이 물었다.

"물론 찬물이 좋죠." 우리는 더위로 달아 오른 얼굴을 찬물로 식힐 기대에 가득 차서 대답했다. 그러나 뭔가 꺼림직한 그 부인은 이미 불을 지피고 있었다. "괜한 걸 물었네요!" 그녀는 계속 수다스럽게 말했다. "찬 물로는 땀이 말끔히 닦일 리 만무하죠. 아무 문제없어요. 잠깐이면 데워질 거예요."

뜨거운 물을 대야에 퍼 담으면서 그 부인은 방 주위를 살폈다. 난 언니를 쿡 찔렀다. "부인이 수건을 찾고 있어." 난 영어로 속삭였다. "빨리 말해 우리 수건 있다고, 아니면 자기네가 쓰던 걸 넣을 거야."

다행히 우리가 수건을 꺼낼 때까지 그녀는 집 수건을 못 찾았다. 우린 씻기 시작했다. 내가 더 어렸으므로 언니가 먼저 씻도록 하는 수 밖에 없었다. "너무 눈 가까이로 씻지는 마. 이 집 식구 중 누군가 눈병이 걸렸을 지도 모르고 대야에 병균이 있을 수도 있으니." 언니가 옆에서 말했다.

우리가 대야의 뜨거운 물로 세수를 마치자 부인은 그 사이에 수건을 찾아서 남은 물을 썼다. 바로 그때 딸이 앞치마 가득 오이를 가지고 와서 제일 큰 것을 언니에게 공손하게 권했다. 그때 그녀의 어머니가 재빨리 그걸 낚아채며 심하게 꾸짖었다.

"여자애가 그만큼 컸으면 위생에 관해 뭘 좀 알아야지! 씻지도 않고 드리다니."

딸이 오이를 씻을 때 씻는다고 그 오이의 병균이 없어지는 건 아닌데 하고 혼자 생각했다. 얕은 우물에서 길어온 물은 끓이지 않으면 병균이 없어질리 만무하다. 그러나 난 아무 말도 하지 않았다. 딸이 오이를 문질러 씻은 후 부인은 칼을 가져와 큰 것으로 두 개를 조심스럽게 깎았다. 그리고 우리에게 권했다. 자신이 먹을 것은 껍질을 깎지도 않았다.

"우리 중국 사람들은 아주 비위생적이에요." 그녀는 사과했다. "물론 두 분은 오이를 껍질 채 먹지 않겠지요."

찬물에 씻든지 껍질을 깎든지 둘 다 안전하진 않다고 생각하는 우리의 마음을 그녀가 알았다면 어떻게 생각했을까? 평소에 생야채와 과일을 끓는 물에 데쳐 먹는 것에 특히 유념하는 언니를 힐끗 쳐다보았더니 놀랍게도 그 오이를 아무렇지도 않게 우적우적 씹어 먹고 있었다. 언니와 그 부인 사이에는 이미 무언가 다른 얘기가 한창이었다. 난 언니를 따라 오이를 먹었는데 아주 신선한 맛이었다.

"집에서는 데쳐먹는 걸 고집하면서 나와서는 생오이를 어떻게 그렇게 잘 먹어?" 집으로 돌아오는 길에 내가 물었다.

"우리가 대접받는 걸 거절해서 그 부인을 불쾌하게 할 수 있겠니?" 언니가 대답 했다. "집에 있을 땐 최대한 조심해야지. 하지만 손님 입장일 때는 그건 상대방을 불쾌하게 만들 수 있는 문제야 – 글쎄, 그런 경우엔 주님이 책임지실 거야!"

찻잔! 가늘고 정교한 수천 개 꽃문양을 가진 아름다운 킹티친 도자기잔, 아니면 손잡이가 떨어져나간 거친 질그릇 잔. 중국에선 어딜 가나 찻잔을 볼 수 있다. 어딜 가나 가장 먼저 대접받는 것은 한 잔의 차이다. 향이 나는 차, 쓴맛의 차, 뜨거운 차, 차가운 차. 수공예 제품의 도자기 잔에 혹은 질그릇 잔에 담긴 차 – 어떤 잔에 담겼든지 우린 그 잔을 들어 입술에 대고 마셨다. 차를 맛보면서 우리가 먼저 생각했던 것이 무엇이었을까? 차 맛이 괜찮다, 아니다? 차를 대접하는 사람의 친절? 아니면 그 잔 가장자리에 잠복 해 있을 수도 있는 위험? 왜냐하면 아주 뜨거운 차라 하더라도 그 컵 가장 자리를 살균할 수는 없기 때문에. 그리고 누가 이전에 그걸 사용했는지, 그 사용자가 어떤 위험한 질병을 가졌었는지 어떻게 알 수 있겠는가? 물론 그 잔은 적어도 씻는다고 물로 헹군 것이지만….

"중국 사람들은 설거지할 때 그릇을 끓는 물에 소독하지 않나요?"라고 당신은 물을 수 있다. 그럼 여러분은 그렇게 하나요? "음, 항상 소독하진 않지만 미국에선 훨씬 덜 위험하죠."라고 당신은 말할 것이다.

그건 맞는 말일 수 있다. 사람들은 보통 자기 집에서는 감염의 위험을 인식하기 어렵다. 우리가 비위생적이라고 부르는 환경 속에 사는 사람들도 마찬가지로 자신의 집에서는 감염을 인식하지 못하는 것이다. 난 가끔 생각하곤 했다. 중국에서 우리가 만나는 가장 큰 위험은 평범한 찻잔이고 호랑이와 산적보다 더 위협적인 것은 그 가장자리에 숨어있는 병균이라고. (급하게 덧붙이는데 중국에 있었던 15년 동안 여러 지역과 가정에서 만 개 정도의 찻잔으로 차를 마셨는데 난 여전히 영육 간에 건강한 상태로 살아있다.)

당신은 "그런 것은 내게 걱정거리가 아니야. 난 그렇게 까다로운 사람도 아니니까." 라고 편하게 생각할 수도 있다.

그러나 유감스럽게도 앞에서 언급한 내 경험을 통해 당신이 이와 같은 결론을 내리기를 원하는 것은 내 의도가 아니다. 난 누구에게도 조심하지 않아도 된다는 허가증을 주고 있는 것이 아니다. 어떤 하나님의 자녀라도 자신이 그러고 싶다고 마음대로 건강 수칙을 무시하면 안 되는 것과 마찬가지로 선교지에 있는 사람들도 그것을 무시하면 안 된다.

요리사가 막 시장에서 사 온 음식이 가득 찬 바구니를 들고 들어온다. 한 젊은 선교사가 아주 잘 익은 자두를 골라 집어 들

곧 한 입 베어 문다. "메리!" 당황한 고참 선교사가 말했다. "도 대체 무슨 생각을 하고 있는 거예요? 그걸 먼저 데치지도 않고 먹다니! 콜레라나 장티푸스에 걸리면 어쩌려구요!"

그렇다. 대부분의 선교지 기지에서는 위생규칙이 아주 엄격하고 만약 신참 선교사가 그것을 준수하지 않고도 살아남을 수 있다면 그는 매우 체력이 강한 선교사임에 틀림없다. 몇 년이 지나면 당신 자신이 선교관 관리자가 된다. 그리고 기강이 야간 느슨해진다. 과일을 데치면 너무 맛이 없으니까 끓여 식힌 물로 씻게 된다. 그리고 신참 사역자들이 선교 기지에 오게 되고 당신은 새 가족의 책임자가 된다. 어느 날 갑자기 그들 중 한사람이 심한 복통을 겪는다. 콜레라인가? 가장 가까운 병원은 이틀 걸리는 거리에 있다. 당신은 마음을 졸이며 당신의 짧은 의학 지식으로 그를 돌본다. 당신 마음 깊은 곳으로부터 도울 수 있는 유일한 분, 모든 능력이 있는 그 분께 끊임없는 간구를 올리면서. 다행히 그 신참 사역자가 회복되고 그때부터는 식탁에 올라가는 모든 과일은 철저히 소독하게 된다.

이 장은 선교사 건강에 관한 내용이 아니고 당신에게 위생규칙을 지시할 목적으로 쓴 것도 아니다. 오히려 그것은 태도에 관한 것이다. 선교사는 모든 것을 꼼꼼하게 따져야 하는가?

(어떤 이는 까다롭다고 표현한다) 아니면 믿음이 강해서 의사의 권고 사항을 간과해야 하는가? 혹은 어떤 때는 전자의 태도가, 다른 때는 후자가 바람직한가?

추수를 원하시는 주님께서 우리를 파송하셨다. 죽거나 병든 일꾼은 충분히 쓰임 받지 못한다. 현명한 예방조치를 하고 현대 과학이 제공한 건강 안전 조치들을 지키는 것은 분명히 우리의 의무이다. 괜찮아 보인다고 해서 위생규칙을 따르지 않아도 되는 것은 아니다. 반면에 현대 위생의 개념이 없고 우리와는 다른 위생 교육을 받은 현지 사람들이 진심으로 먹을 것을 대접할 때 우리는 사도바울처럼 이렇게 말해야 한다. "양심을 위하여 묻지 말고 먹으라."(고전.10:27). 위생 수칙을 엄격히 지키는 것이 우리 사역을 방해하는 경우에는 그 수칙을 고수하기 보다는 우리를 보내신 하나님이 우리를 돌봐 주시도록 그분을 신뢰해야 할 것이다.

HAVE WE NO RIGHTS?

 내 일을 내가 결정할 권리

"그러므로 만일 식물이 내 형제로 실족케 하면 나는 영원히 고기를 먹지 아니하여 내 형제를 실족치 않게 하리라." _고린도 전서 8:13

내 팔꿈치 뒤편에서 "선생님, 세수하시겠어요?" 하는 목소리가 들려왔다.

우리는 지방에서 일주일간 머물고 있었다. 하루 종일 선교 활동을 나간 그 날, 벌써 다섯 번째로 그 지방 목사님의 사모님이 김이 모락모락 나는 세수 대야를 나에게 내밀며 서 있었다. 그녀의 태도에는 겸손과 자신감이 적절히 어우러져 있었다. 나는 "씻고 싶지 않습니다! 도대체 왜 하루에 다섯 번씩이나 세수를 해야 합니까?" 라고 말하고 싶은 것을 꾹 참았다. 그리고는 고맙다고 나직이 얼버무린 후 귀찮다는 듯 수건으로 손을 뻗었다. 그러나 얼마 지나지 않아 사모님에게 묻고 말았다.

"원래 이렇게 자주 세수를 하세요?"

"그럼요, 물론이죠." 라고 바로 대답이 돌아왔다. "청결한 사람이라면 누구나 그렇죠! 저 또한 아주 청결을 중시하는 집안에서 자랐답니다."

이로써 그 일은 더 이상 거론하지 않기로 하고 나머지 선교여행 기간 동안 사모님이 만족하는 만큼 자주 세수를 하며 지냈다. (발도 역시…)

베이 할머니 손녀가 상하이에서 막 도착했다. 할머니는 예쁘게 차려입은 아홉 살 가량의 예의바른 아이를 데리고 자랑스럽게 교회에 나왔다. 예배를 마치고 몇 명이 이런 저런 이야기를 나누며 앉아있었다. 한 부인이 아이의 드레스를 보고는 할머니를 흘끗 쳐다봤다.

"저게 상하이 스타일인가 봐요." 라고 부인이 한마디 했을 뿐인데 베이 할머니는 그녀가 무슨 얘기를 하려는 지를 알아차리고는 바로 말을 이어 받았다. "내 말이 그 말이야! 옷감도 예쁘고 잘 만든 옷이긴 해. - 좀 꽉 조이게 재단된 건 같지만, 상하이 재단사들이 다 그렇게 하는 가봐. 근데 소매 좀 봐. 사실 소매가 없다고 해야겠지! 너무 경박해! 우리 손녀도 남은 천 조각을 가진 게 없다하고 어울릴만한 천도 찾을 수가 없더라고. 안 그러면 벌써 소매를 길게 냈을 텐데. 버리기엔 아깝고 도대체 어떻게 해야 할지 모르겠네!"

나는 그들의 이야기를 들으면서 입을 다물 수가 없었다. 베이 할머니의 손녀도 다른 여자 아이들처럼 바지만 걸치고 마당을 뛰어 다닐 어린 나이였다.(남자 아이들은 이 보다도 더 적게 입고 다닌다!) 그 부인들이 맘에 들어 하지 않던 소매는 손녀의 어깨를 덮을 정도는 되었다. 그것이 베이 할머니의 손녀처럼 어린 아이가 입기에 무엇이 문제라는 건지?

나는 그들의 관점을 이해하려 애쓰며 두 부인을 쳐다보았다. 그러나 그들의 차림을 보고는 숨이 멎는 듯 했다. 그 지역에서는 노부인들이 보통 정장으로 허벅지 길이의 헐렁한 외투와 헐렁한 바지를 입었다. 그 날은 날씨가 따뜻해서 그 중 한 부인은 바짓단을 걷어 올려 입고 있었다. 게다가 스타킹이 짧아

발목에서 8인치 정도 올라와 있고 꽉 조이는 대님으로 고정시켜 놓았다. 심각한 얼굴을 하고 걱정이 가득해서 '경박한' 드레스에 대해서 이야기를 계속하는 동안 맨살이 드러나는 무릎을 격렬하게 벌렸다 오므렸다 하고 있었다.

그렇다면 품위란 무엇인가? 인도의 한 민족은 여자가 얼굴을 보이는 것을 경박한 것으로 간주한다. 그러면서 긴 외투 밑으로 맨발이 슬쩍 드러나 보인다. 우리가 보기에는 어디로 보나 아무런 문제될 게 없는 것들이 다른 사람들에게는 경박해 보이며 우리에게 경박해 보이는 것들이 다른 사람들에게는 아무 문제가 없어 보인다!

한 젊은 여선교사가 내륙에 있는 첫 번째 임지로 나간다. "추레해 보이지 말아야지." 라고 공언하고는 자신이 가진 제일 예쁜 드레스들을 모두 챙겨간다. 미개발 지역인 그곳 사람들은 입지 않는 화려한 색의 옷을 입거나 다른 사람들은 다 팔꿈치를 충분히 덮는 옷을 입는데 반소매 옷을 입고 나타나는 그녀를 보고 선배 선교사가 다른 옷을 입는 게 어떠냐고 제언한다. 그러나 그녀는 그 모든 제언을 불쾌히 여기고 거절한다. 젊은 여선교사는 의사소통이 자유롭지 못한 면을 보충하기 위해 그림을 효과적으로 활용하면서 온 힘을 다해 열정적으로 아이들 선교에 전념한다. 그러던 어느 날 그녀가 가장 아끼는 학생 두 명이 나타나지 않자 자신을 돕는 한 총명한 여고생에게 그 이유를 묻는다. 난처한 듯 둘러대는 대답에 만족할 수 없는 여선교사는 그 가여운 여고생에게 계속 캐물어 사실을 알아낸다. 한 시간 후에 선배 선교사는 방에서 훌쩍이고 있는 여선교사를 발견한다.

"그 애가, 그 애가 그러는데 걔네 엄마가 더 이상 여기 오지 못하게 했대요." 그녀는 목이 메어 말한다. "왜냐면 내가 착한 여자일리 없다고 그랬대요. 내가 창..창녀처럼 옷을 입는다고!"

무엇이 잘못된 것일까? 왜 그렇게 열정적인 젊은 선교사가 이처럼 상심해야만 하는가? 그것은 바로 그녀가 다른 사람의 눈으로 세상을 보려고 하지 않았기 때문이다. 자신만의 기준이 옳다고 여긴 것이다. 이 여선교사는 사람들이 세상을 우리와 다른 눈으로 보며 이것이 분명 차이를 만든다는 사실을 뼈아픈 경험을 통해 배우게 된다. 결국 이곳은 그들의 나라며, 관습 또한 그들의 것이다. 그들로 하여금 우리에게 맞출 것을 기대할 수는 없다. 낯선 나라에 온 이방인이 그 나라에서 통용되는 방식에 맞춰야 하는 것이다.

하나의 외국어를 익히기 위해서는 발음의 미세한 억양의 변화에 항상 예민하게 귀를 기울이고 있어야 하는데 이것이 모국어 사용자와 외국인의 액센트 간에 큰 차이를 만들기 때문이다.

새로운 나라 사람들과 동화되기 위해서는 그들의 감정과 반응을 이해하고 수용하기 위해 명확한 감지가 가능하도록 항상 눈과 마음을 경계해야한다. 주께서 우리에게 바로 볼 눈과 바로 들을 귀를 허락하시기를!

"그 신학교는 너무 엄격해!" 누군가는 말한다. "치마 길이나 머리모양에 관한 규율도 있다구. 정말 참을 수가 없어. 그래서 기독교가 비난 받는 거야."

그럴지도 모른다. 그러나 이해가 되지 않아도 자기의 기준을 포기하고 다른 사람의 기준에 맞추려는 사람이 있다. 그러한 자세야말로 선교라는 먼 길을 가는 현장에서 요구되는 것이다. 국내에서 혹은 선교 현지에서 자주 마주치게 되는 "머리를 어떻게 하든, 무슨 옷을 입든 내가 결정할 일이죠!" 하는 자세는 성공하기 어렵다. 만약 우리가 온전히 나의 모든 것을 주께 드렸다면, 내 마음대로 결정할 일이란 있을 수 없다. – 모든 것이 주님의 일인 것이다.

HAVE WE NO RIGHTS?

사생활을 보호받을 권리

"오고 가는 사람이 많아, 음식 먹을 겨를도 없음이라." _마가복음 6:31

"무리를 보시고 민망히 여기시니," _마태복음 9:36

    나는 한 달 동안 시골에서 헌신적으로 일한 후에 막 돌아왔다. 선교기지를 담당하고 있는 젊은 스프라이틀리(Sprightly) 부부와 나는 탁자에 둘러앉아 담소하고 있었다. 내가 지금껏 해온 사역에 대해 말하고, 관심 있어 하는 질문에 대답도 했다.

이야기는 점점 가벼운 화제로 돌아가 스프라이틀리(Sprightly) 부인은 전날 어린 아들과 나갔다가 겪었던 이야기를 하나 해 주었다.

"나는 밖에 나갈 때 항상 아들을 데리고 다녀요." 그녀는 나름대로 소신껏 말했다. "그 애와 함께 있으면 내가 원하는 곳은 어디나 살펴볼 수 있거든요." 이렇게 말하면서요. "내 어린 아들이 그것이 무엇인지 궁금해서 보고 싶어 해서요. 나는 현지인의 집 마당을 배회하거나 그들의 집 안을 들여다 볼 수도 있어요. 그래도 아무도 뭐라고 하지 않아요."

호기심은 누구나 갖고 있는 특성이며, 교육받지 못하고 순박한 사람 사이엔 더욱 그렇다.

선교사들은 종종 현지인들이 드러내놓고 그들에게 호기심을 나타내는 것을 경험하곤 한다. 그러나 너무나 이상하게도 우리 중 상당수는 개인의 사생활이 공공연히 들어나는 것에 대해 꺼려하는 무언가가 있다. 반면에 사생활의 개념에 익숙하지 않게 자라온 그들은 가끔은 선교사가 잠시라도 혼자 있고 싶어 하는 욕구를 도저히 이해하지 못한다.

젊은 선교사는 어디선가 흘러나오는 중국 음악을 듣는다. 그녀의 귀에는 기이하고 이해할 수 없는 소리이지만, 놀고 있던 아이들은 곡조를 즉시 알아채고 그들의 목청을 높인다.

"새 며느리가 오고 있다. 새 며느리가 온다."

붙임성 있는 아이가 그의 얼굴을 선교사의 문에 들이 밀며 "오셔서 새 며느리 보지 않을래요?" 하고 공손하게 묻는다. "가마가 막 도착했어요. 서둘러요!"

"당치도 않아!" 선교사가 이의를 제기한다. "신부가 누구의 집으로 오는데? 잘 아는 이웃이니?" "아니요, 그런 건 아무 상관없어요!" 소년은 그녀에게 확신을 가지고 대답한다. "그냥 모두 보러 가는 거예요!" 선교사는 마지못해 아이의 손에 이끌려 가면서 상황이 그 아이가 말한 대로임을 알게 된다. 아이들뿐만 아니라 어른들도 호화롭게 장식된 가마가 막 들어간 대문으로 무리지어 들어간다. 마당이 꽤 넓기는 했어도, 신부가 내릴 때, 잘 볼 수 있는 자리를 차지하기 위해 많은 사람들이 몰려들어 밀치면서 손짓을 하고 왁자지껄 떠들고 있었다. 신랑과 그의 부모는 초대받은 손님들을 정중하게 환영하면서 시끌벅쩍한 소란엔 전혀 개의치 않는다. 신부의 의자가 놓이면서 거대한 폭죽이 펑 소리가 나며 터지고, 들러리로 예정된 소녀들과 한 여성이 가마의 발을 걷고 신부를 뜰의 지정된 장소로 안내하면서 의식이 진행된다. 예식이 끝나면, 신부는 여러 의례 절차에 따라 집안으로 안내되는데 준비된 침실로 들어가 붉은 공단 이불로 휘황찬란하게 꾸며진 침구에 앉혀진다. 초대 받았든 안 받았든 사람들은 방으로 몰려든다. 그들은 신부와 그녀의 옷들을 흥미 있게 자세히 살피고 모든 것에 대해 이러쿵저러쿵 농담하며 웃음을 터트린다. 지루해진 한 무리가 떠나면 곧 기다리던 또 다른 무리가 밀고 들어와 '신부'를 구경한다.

"불쌍하기도 하지!" "그녀는 쓰러질 것처럼 보여! 언제 사람들이 떠나고 그녀 혼자 남게 될까?" 하고 선교사가 말한다. 밤이 깊어서야 무리는 떠난다. - 그리고 같은 의식이 그 다음 날 일찍 다시 시작된다. 방문객이 그런 식으로 3일 동안 이어지지 않으면 제대로 된 결혼식이 아니라고 생각하는 것이었다.

그날은 하루 종일 바빴다. 첫 번째 방문객이 아침 식사 전에 나타났고, 결코 끝이 없을 것 같은 방문이 시작되었다. 교육받지 못한 시골 아낙들이 왔는데 그녀들은 선교사 집의 모든 방들을 돌아다니며 눈이 닿는 모든 물건들을 끊임없이 살펴보고 만져 보았다. 또한 교육받고 겉으론 예의 바르지만, 우리가 예수님의 그들에 대한 요구를 말하려고 애쓸 때마다 대화를 교묘히 다른 화제로 돌리는 사람들도 있었다. 그리고 기독교인들도 있었는데, 몇몇은 그들의 문제들을 가지고 오고, 다른 이들은 교회의 일을 추진하기 위한 계획들을 가지고 오거나, 또 다른 이들은 아직 그들의 구원 받지 못한 친구나 친지를 구원하기위해 심방할 시간을 정하기 위하여 왔다.

마침내 4시 30분, 두 명의 방문객을 배웅한 후에 그 날 중 처음으로, 우리는 아무도 없는 방으로 돌아왔다. "빨리 와!" 하고 언니에게 말했다. "누군가 다른 사람이 오기 전에 산책하러 나가자!" 그곳을 벗어나지 않으면 미칠 것 같은 느낌이었다. 우리가 혼자일 수 있는 곳으로. 우리는 서둘러 뒷문을 빠져 나와 연못을 돌아, 뒷길을 지나 도시를 빠져 나왔다.

"어떤 길로 가길 원해?" 자매가 물었다. "아, 어디든지 시골로," 나는 즉시 말했다. "아무도 없는 곳으로!"

언니는 꼼짝도 않고 서서 놀란 눈으로 나를 보았다. "아무도 없는 곳!" 그녀는 다시 말했다. "아무도 없는 곳이라! 중국의 어디에서 사람이 없는 곳을 찾을 수 있을 거라 생각해?" 나는 움직이지 않고 서서 주위를 둘러보았다. 마을이 시골의 평평한 들판에 여기 저기 흩어져 있었고, 좁은 길에 십자형 교차로가 있었다. 농부들은 그들의 조그마한 경작지를 일구느라 바빴다. 두, 세 무리의 노동자들이 도시로부터 집으로, 여러 갈래의 좁은 길로 흩어져서 귀가하고 있었다.

사람들, 시골조차도 어느 곳에든 사람들이 있었다. 그들은 내가 중국에 와서 선교하고자 한 바로 그 사람들이다. 만일 그곳에 내가 만인들의 시야에서 벗어날 수 있는 나무로 뒤덮인 작은 골짜기나 덤불숲이 있다면 얼마나 좋을까! 그러나 그곳엔 산이 없었다. 그 시골은 평상의 윗면처럼 평평했다. 나는 정신적으로 은신할 만한 편안한 시골을 찾았다. 비옥한 땅, 작게 분할된 경작지. 잘 관리된 농작물, 잡초가 없는 땅. 이곳저곳에 작은 나무숲들 – 나무숲이라면 몸을 숨길 수도 있을 텐데! 그러나 불가능했다. 그 곳엔 덤불숲도, 잡초도, 떨어진 낙엽조차도 없었다. 모든 것이 거두어져, 잘 건조되었고, 땔감으로 쌓아 놓았다. 밤에 강풍이 라도 불면, 마치 날이 새기 전 염치없는 이웃이 와서 훔쳐가기라도 할 것처럼, 나무 주인은 잠자리에서 일어나 그 귀한 잎들이 떨어지자마자 서둘러서 쓸어 모을 것이다.

모든 나무의 잔가지들은 이미 땔감으로 쓰려고 가지치기 한지 오래다. 작은 숲조차도 나를 사람들의 시선으로부터 숨겨줄 수 없었고 그보다 더 나은 장소도 찾을 수가 없었다.

이런 유쾌하지 못한 사실로 인한 중압감이 갑자기 나를 엄습했는데 그 전에는 그토록 실감하지 못했던 것이었다. 그 곳에는 내가 혼자 있을 수 있는 장소가 분명히 없었다. 내가 할 수 있는 최선은 선교 기지로 귀가해서, 집안으로 들어가서, 내 방으로 올라 간 후, 그리고 문을 닫는 것이 고작이다. 그런다 하더라도, 언제 나를 부를지 누가 알겠는가?

그러자, 순간, 전에 내가 읽었던 잡지의 짧은 이야기가 떠올랐다.

선교사인 한 친구가 바쁜 주부를 심방하러 잠깐 들렀다. 그 가족은 대가족이었는데 가난해서 단칸방에서 살았다. 그 방 안엔 아이들로 가득했다. 엄마는 그녀를 밝은 얼굴로 맞았다.

"당신은 한 순간도 혼자일 수 없는데 어떻게 그렇게 행복할 수가 있나요." 방문객이 물었다. "어떻게 조용한 시간을 가질 수 있나요? 조용히 기도할 시간이라도 있나요?"

"그것이 나를 곤란하게 하기도 했어요, 비결을 발견하기까지는 힘들었지요." 라고 바로 대답했다. "일이 너무 힘들어지면 나는 단지 앞치마를 머리에 뒤집어쓰고, 하나님과 완전하게 홀로 되지요."

사랑하는 주님, 나를 용서하소서! 나는 생각했다. 그 가난한 엄마가 어떠했는가? 그리고 주 예수는 어떠했는가? 그도 우리처럼 홀로 있기를 원해서 제자들과 조용한 곳을 찾아 길을 벗어나 강을 건넜다. 무리들은 그가 어디로 갔는지를 듣고 육로로 그를 따랐다. 그가 배에서 내리자 수많은 무리들이 그를 기다리고 있었다. 예수님은 어떻게 반응하셨는가? 결코 홀로 있는 것이 허락되지 않은 상황에서 마음속으로 화를 내거나 분개했는가? 아니다. 그가 무리를 보고는 그들을 환영했다고 성경에 쓰여 있다.(누가9:11) 사랑의 주여, 저에게 예수님과 같이 무리를 사랑하는 마음을 주옵소서!

   사생활과 홀로 있기는 지나치지만 않다면, 의심할 바 없이 좋은 것이다. 대부분의 선교사들은 그들이 원하는 만큼 혼자 있는 시간이나 사생활을 갖지 못한다. 호기심어린 눈으로 선교관과 그 안에 사는 사람을 찬찬히 둘러보며 신기해하거나 재미있어하며 심지어는 반경멸적으로 대하여 짜증스럽게 느껴 본 경험이 없는 선교사는 거의 없을 것이다. 선교사들은 생각한다. 그들이 좀 예의바르게 나의 사생활을 존중해 줄 수 없을까? 그러나 만일 우리가 낮에 속한 빛의 자녀라면, 우리들의 행동이나 또는 우리에 관한 어떤 것이라도 어둠에 가려져야 할 필요가 있겠는가? 이것은 보통 사람들이 들어내기를 꺼려하는 부분들을 불필요하게 공개하도록 권고하는 것은 아니다. 그렇지만, 기억하자. 그들이 우리의 복음을 받아들이기 전에, 우리의 간증이 그들에게 어떤 가치를 갖기 전에 사람들은 우리를 알기 위해서 가까워져야만 한다. 왜 나는 나의 어떤 것을 숨기려고 애쓰는가? - 바로 그것을 나눌 때 누군가를 주님께로 인도하는데 도움이 될 수도 있는데?

> 너희가 전에는 어두움이더니
> 이제는 주 안에서 빛이라
> 빛의 자녀들처럼 행하라. _에베소서 5:8

나만의 시간을 가질 권리

"들으라, 너희 중에 말하기를 오늘이나 내일이나 우리가 아무 도시에 가서 거기서 일 년을 유하며 장사하여 이를 보리라 하는 자들아. 내일 일을 너희가 알지 못하는도다. 너희가 도리어 말하기를 주의 뜻이면 우리가 살기도 하고 이것저것을 하리라 할 것이거늘."

_야고보서 4:13-15

"닝 아주머니랑 우할머니 댁에 가려는 길인데 너도 같이 가지 않을래?"

나는 책상 위에 중국어 공부에 관한 것들을 늘어놓고 앉아 있는 중이었다. 나는 책상을 바라보다가 시계를 쳐다보고 나서 언니에게 물었다, "언제쯤 돌아올 건데?"

  "그렇게 오래 걸리지 않을 거야! 물론 닝 아주머니가 그 작은 발로 천천히 걸으시겠지만, 1마일 정도밖에 안되고, 그렇게 오래 있을 필요도 없거든. 모르긴 해도 저녁식사 전까진 충분히 올 거야."

  글쎄, 나는 마음속으로 내가 가야만 할 거라고 생각했다. 그러나 나는 이 부분을 번역하는 것을 끝내고 싶었다, 그리고 아마 세 시간 정도면 그것을 잘 마무리 할 수 있을 것이다. 오늘 아침에는 그것을 다 끝내고, 오후에는 편지들을 쓸 수 있을 것으로 생각했다. 그러나 언니는 내가 가야만 한다고 생각하고 있었고 그 생각은 옳은 것이었다. 불행한 일이기는 했지만 내 마음의 평화를 위해서는 그 말을 따라야 했다. "글쎄" 나는 마침내 입을 열었다, "갈게. 하지만 너무 오래 있진 말자구."

  우리는 차양 모자를 쓰고, 닝 아주머니와 함께 길을 나섰다. 그녀의 발은 6인치도 채 되지 않아 보폭이 너무나 작았다. 나는 천천히 걸으려고 애썼지만, 계속해서 그 두 사람을 앞서서 걷고 있었다. 언니는 원래 나보다 일을 서두르는 편인데도 이번에는 어쩐지 세상 여유를 혼자 다 가진 듯 닝 아주머니 옆에서 느긋하게 걸으면서 그녀가 하는 셋째 숙모의 사촌에 관한 이야기를 이따금씩 동정어린 감탄과 질문을 곁들이며 경청하고 있었다.

닝 아주머니는 그녀가 그 셋째 숙모의 사촌이 얼마나 그의 문제를 주님께 맡기도록 노력했는지 이야기하고 있는 중이었지만, 나는 도무지 관심이 가질 않았다. 나는 그녀가 하는 중국어를 모두 알아들을 수는 없었고, 그 사촌의 사정도 다는 이해할 수가 없어서 결국 알아들으려고 노력하는 것을 포기했다. 너무도 아름다운 날씨였다. 하늘은 푸르고, 제법 자라서 푸른 기가 도는 황금빛 밀들은 바람에 하늘거렸다. 우리는 큰 길을 벗어나 밀밭을 가로지르는 작은 오솔길로 접어들었다. 언니는 무의식적으로 속이 꽉 찬 밀들을 손가락으로 쓰다듬으며 걷기 시작했다. 그녀는 늘 밀밭을 좋아했고, 그건 나도 마찬가지였지만, 오늘은 왠지 건드리고 싶지 않았다. 나는 오로지 우리가 빨리 서두르기만을 바랬다.

마침내 마을에 도착해서 우 할머니의 집에 들어갔다. 늘 그렇듯이, 지저분한 모습에 호기심 어린 눈을 가진 여러 명의 아이들이 우리를 따라 집으로 들어섰다. 우리는 좁은 장의자에 앉아 거의 예의상 차라고 불릴만한 것을 마셨다. 왜냐하면 처음에 끓일 때 찻잎 대신에 생고구마 몇 조각만을 넣고 우려 낸 것이었기 때문이다.

우 할머니는 회복하여 다시 거동하고 있었다.

"와 주셔서 너무 기뻐요! 나는 우리 이웃들에게 예수님 이야기를 해 주고, 그들이 어떻게 하나님을 믿어야 하는지를 말해 주고 있답니다. 하지만 내가 제대로 하고 있는지 걱정이 된답니다. 이제 이렇게들 오셨으니, 그들에게 이야기 좀 해 주세요!" "얘야!" 그녀는 우리를 따라 안으로 들어온 아이들 중 한 명에게 이야기 했다. "너, 얼른 집에 가서 할머니 좀 오시라고 해라. 그리고 너 이쁜이는 너희 둘째 고모할머니께 다녀와라. 너희 고모할머니도 믿고 싶다고 하셨단다. 빨리 가서 선생님들 오셨다고 말씀드려. 그리고 너희들 모두 얼른 집에 가서 어머니들이랑 할머니들 오셔서 말씀 좀 들으시라고 해라!"

아이들을 달래서 심부름을 보내는 일은 쉽지 않았다. 그리고 아마 그 아이들의 엄마들과 할머니들도 바쁘셨을 것이다. 우리는 하릴없이 꽤 한참을 기다렸고, 마침내 서너 명의 여자들이 왔다. 신발 밑창이 천으로 된 것을 신고 있는 한 여자는 바느질을 하고 있었고, 아기를 안고 온 여자도 있었다. 얼마간의 어수선한 시간이 지나고, 그들은 모두 자리를 잡고 차 한 잔씩을 받아들었다. 언니는 늘 가지고 다니던 포스터 한 장을 들고 나와, 아주 간결한 중국어로 그들에게 복음을 전했다. 나는 언니의 말을 알아듣기 위해 온갖 노력을 기울였고, 대부분을 알아들었다. 나는 속으로 자축했다. 마침내 나는 그날 내가 하려고 계획했던 일들 중에서 신경은 쓰이지만, 나를 편치 않게 했던 그 문제에서 비로소 벗어날 수 있었다.

설교가 끝났다. 그 여자들은 자리에서 일어나며, 돌아오는 주일날 우 할머니와 함께 교회에 오겠다고 우리에게 이야기했다. 우리들도 일어나, 작별인사를 했다.

"집에 가신다고요!" "이렇게들 그냥 가시면 어떡해요! 저랑 저녁이라도 같이 하고 가셔야지요! 거의 다 준비되었어요!" 우리는 그 집안에 여자들이란 우 할머니와 그녀의 며느리 밖에 없으며, 그들 중 누구도 처음에 차를 가지고 들어온 이후로 이 방을 나간 적이 없다는 사실을 너무도 잘 알고 있었다. 언니와 닝 아주머니는 극구 사양했다. 나도 가까스로 몇 마디의 정중한 인사를 덧붙였다. 하지만 내 생각은 그렇지 않았다. 저녁을 먹고 가라니, 내 참! 그렇게 되면 아무리 서둘러도 오후 한나절이 지나서야 집에 도착하게 될 거라는 얘긴데. 그리고 그 저녁이란 것이 넘기기도 힘든 그렇고 그런 것일 텐데. 아마, 그녀도 예의상 하는 얘기지 진심은 아닐 거다!

우리는 가까스로 그 집 문을 나설 수 있었다. 우 할머니와 그 며느리는 우리를 그대로는 보낼 수 없다며 움직일 수도 없을 만큼 우리에게 매달렸다. 나는 속이 부글부글 끓었다. 나는 집에 가고 싶을 때 갈 수 있는 권리가 우리에게 있다고 생각한다. 그들은 사실 억지로 우리를 이곳에 머무르도록 하고 있다. 나는 어쨌든 지금은 머무르지 않겠다. 이건 너무하다.

우리는 열려진 문 앞까지 이르렀다. 그런데 바로 그 때, 한 할머니가 다리를 절뚝거리며 마당을 가로질러 우리 쪽으로 서둘러 오고 있는 것이 눈에 띄었다.

"아니, 이쁜이네 둘째 고모할머니 아니세요!" 우 할머니가 아는 척을 했다. "이제 오셨어요! 조금만 일찍 오시지 그러셨어요!"

"손님들이 오셔서 올 수가 있어야지, 우리 며느리가 와서 맡기고 서둘러서 오는 길이야! 선생님들이 가셨으면 어쩌나 걱정했네. 그런데 가시려던 길은 아니지?"

"아이고, 아니에요! 식사 한 끼 대접 안하고 가시게 할 수는 없지요! 대단한 것은 아니라도 식사는 하고 가셔야죠! 선생님,

그리고 닝, 여기들 앉으세요. 이쁜이네 둘째 고모할머니도 언젠가는 믿겠다고 하셨어요. 그런데 그 아들이 좀 별나서 교회를 가시게 두지 않을 거야. 집에서 믿을 수도 있나요?"

나는 내 눈을 의심하지 않을 수 없었다. 언니와 닝 아주머니는 조용히 앉아서 방금 오신 그 할머니를 동정하며 함께 이야기하기 시작했다. 뭐야? 있다가 저녁까지 먹고 갈 셈인가? 마치 내가 원하는 것은 전혀 안중에도 없는 것처럼 나에게 한마디 상의도 없이! 언니와 닝 아주머니는 이 할머니와 서로 대화하며 예수님에 대해서 말할 수 있었지만, 내가 할 수 있었던 것은 오로지 앉아 있는 것뿐이었다. 나도 들어야 했겠지만 이 낯선 중국어를 하루 종일 집중해서 들을 수는 없는 노릇이었다. 그리고 내가 끝내기를 원하는 그 일들은 어떻게 되는 건가?

저녁은 내가 예상했던 대로였다. 사실은 그보다도 못했다. 이쁜이네 둘째 할머니도 함께 하셨다. 서로 부추겨가며, 그들은 계속해서 이야기를 하였다. 그들은 그녀에게 짧은 기도문을 가르쳐 주려고 했지만, 그녀는 너무 아둔했다! 몇 번이나 반복을 했지만 여전히 혼자서는 그것을 할 수 없었다.

결국, 조용히 침묵을 지키고 앉아 나의 모든 기대를 버렸을 때쯤 우리는 일어나서 작별인사를 하고 집으로 향했다. 우리가 대문 안에 들어설 때쯤 해가 지고 있었다. 나는 사실 하루 종일 한 일이 하나도 없는 데도 피곤했고, 그들이 그렇게 권했던 저녁도 많이 먹을 수 없어서 배가 고팠다. 그리고 메스껍기도 했다. 하지만 언니는 그러한 것들에 전혀 개의치 않아 보인다는 사실이 나에게는 가장 불편한 것이었다. 그녀는 그 모든 것을 당연한 것으로 받아들였다. 이러한 것이 내가 겪어야 할 것들인가? 나는 무엇 때문에 중국으로 왔는가? 나는 오늘의 이 경험이 한 번으로 끝날 일이 아니고 일 년 중 아무 때라도 일어날 수도 있는 일이라는 것을 서서히 깨닫기 시작했다. 어딘가 문제가 있다. 무엇일까?

갑자기, 나는 그 원인이 내가 나의 하루를 모두 계획해 놓고, 이것이 누구에 의해 방해 받기를 원하지 않았기 때문이라는 생각이 들었다. 그 계획이 방해를 받았기 때문에 나는 하루 종일 심술을 부린 것이었다. 내가 즐길 수도 있었을 그 모든 일들을 나는 전혀 누리지 못했다. 나의 시간이 내가 아닌 그 누군가에 의해서 허비되었기 때문에 나는 나의 하루를 망쳐버린 꼴이 되었다.

"주여, 이제는 이러한 실수를 되풀이하지 않겠습니다. 저는 저의 시간을 관리하시는 분이 당신이라는 사실을 알았습니다.

저의 마음 문을 여셔서 제가 마을로 내려갈 때나, 하루를 시작할 때에 어떠한 상황이라도 받아들이고, 그 안에서 기뻐할 수 있게 하여주시옵소서."

    이러한 작은 마음가짐의 변화가 얼마나 많은 차이를 가져오는지는 실로 놀라울 정도였다. 그 이후로 나는 마을에 갈 때는 절대로 돌아올 시간을 미리 생각하지 않았다. 점심 전에 돌아올 수도 있고, 해가 질 무렵 돌아올 수도 있으며 밤새 머무를 수도 있다. 그러한 것들이 무슨 차이가 있겠는가? 나의 시간은 주님께 속해있는 것이고, 그것을 관리하시는 분은 그분이시다. 이러한 마음이면 어디든 갈 수 있고 주어진 기회를 잘 활용할 수 있으며, 내가 예상한 것과는 달리 더 길거나 짧은 시간 머물러도 매 순간을 기뻐하며 살 수 있었다. 왜냐하면, 주님께서 그 모든 것을 계획하시며, 가장 최선의 방법으로 해결해 주심을 믿기 때문이었다.

07 chapter 약혼자와 데이트를 할 권리

　나는 선교 후보자로 캐나다 벤쿠버 CIM 선교관에 머무르고 있었다. 2주 후에는 나의 세 언니들이 먼저 가서 선교사로 있는 중국으로 배를 타고 떠날 것이었다. 그 중 한 명은 6년 동안 중국에 있었는데 현지 사역 중에 결혼을 했고 이제 안식년을 기다리고 있었다. 다른 두 자매들도 그보다는 좀 짧지만 중국에서 사역하고 있었다. 그들은 모두 미혼으로 같은 선교 센터에서 일했다. 그날 나는 언니들로부터 편지 한 통을 받았다.

그들은 찌는 듯한 여름 더위를 피하여 CIM에서 운영하는 산 속 휴양지에서 편지를 보냈다. 선교사들에게 여름 휴양지는 일반적으로 사랑이 이루어질 수 있는 가장 적당한 장소이다. 휴양지에서의 생활을 즐겁게 전하며 다음과 같은 문장으로 편지를 끝맺고 있었다.

"지금 이곳에는 서른 세 명이 머무르고 있어. 일곱 쌍의 부부와 아홉 명의 자녀들, 그리고 아홉 명의 미혼 여성들과 단 한 명의 미혼 남성! 미혼인 남자 한 명이 더 온다니 기대하고 있지만 그래도 우리들에게 그리 큰 희망이 있을 것 같지 않구나."

저녁 식사 종이 울려서 나는 급히 아래층으로 내려갔다. 그런데 유행이 지난 옷을 입고 있는 저 나이 든 부부는 누구일까? 그날 그분들이 도착할 거라는 소리를 들은 것 같기도 하다. 아마 내가 그 사실을 잊고 있었던 모양이다. 주위에 앉은 우리에게 소개하는데 지금 막 중국에서 돌아온 선교사라는 것이었다. 내 자리가 바로 그 부인 옆이었다.

"당신의 이름이 무어라고 했지요?" 그녀는 미안한 듯이 다시 물었다. "제가 이름을 기억하는데 좀 시간이 걸리거든요."

내 이름을 말하자 그녀는 금방 귀를 쫑긋 세우며 "아, 윌리엄슨! 혹시 중국에 자매들이 있지 않나요?" 라고 말했다.

"네, 세 명이나 그곳에 있어요." 나는 대답했다.

"어쩜, 이런 우연이 있나! 상하이에 있을 때 내가 들었는데 – 아마 당신은 아직까지 못 들었을 거예요. 그때 막 그런 얘기가 나왔으니까 – 확실히 당신 자매임에 틀림없어요! 어쨌든 우리가 상하이를 떠나기 바로 전에 새로운 약혼 발표가 있어 한바탕 흥겨운 소동이 있었거든요."

그녀는 남편을 돌아보며 물었다. "여보, 우리가 상하이 떠나기 전에 약혼했다고 들은 그 자매님이 누구죠?" 남편은 기억하지 못했다.

"아무튼 그분이 당신 자매임에 틀림없어요." 그녀는 확신했다. "내 언니가! 그럴 리가 없어요." 좀 전에 받은 편지를 생각하며 나는 당황하며 대답했다.

"어느 언니이지? 이름이 뭐든가요?"

불행하게도 그녀는 이름을 기억하지 못했고 중국에 윌리엄슨이라는 성을 가진 자매가 두 명이 있다는 사실도 몰랐다. 약혼한 상대 남자의 이름에 대해서도 그녀는 전혀 알지 못했다. 모든 것이 아주 모호했고 거의 사실일 것 같지 않아 나는 그 소식을 내 마음 속에서 지워버렸다.

일주일 후 두 언니로부터 또 다른 편지를 받았다. 그 편지에는 놀랍게도 작은 언니가 지난 번 편지를 쓰던 바로 그 다음 날 여름 휴양지에 도착한 미혼 남자와 막 약혼을 했다는 소식이 들어있었다.

어느 정도 충격에서 회복된 후에 나는 중국에서 이미 결혼한 큰언니의 청혼 이야기가 생각이 났다. 나중에 내 형부가 된 그 선교사는 언니가 있는 곳에서 수천 마일 떨어진 곳에서 사역하고 있었다. 그들은 6, 7년 전 미국에서 신학대학을 다닐 때 서로 얼굴만 알 정도였다. 갑자기 그는 언니에게 편지를 쓰기 시작했고 두 세통의 편지 후에 그녀에게 결혼을 신청했다. 결혼하러 상하이로 왔을 때 실제적으로 큰언니가 그에 대해서 아는 것이라고는 그의 편지에 의한 것뿐이었다.

그 당시 함께 간 다른 언니가 후에 내게 말해 주었는데 그들이 미래의 신랑을 만나러 상하이 역에 갔을 때 그는 없었다. 신랑이 그 다음날까지도 도착하지 않아서 결혼할 언니는 거의 심장마비에 걸리는 줄 알았다고 했다. 그날 밤 둘이 잠자리에 들었을 때, 그녀는 생각이 복잡해서 잠을 이루지 못했다고 한다.

"언니가 그 남자와 결혼을 하지 말아야 하는 게 아닐까? 이제 그 남자가 어떤 사람인지 알았으니… 나라면 안할 거야."

그러나 며칠이 지나자 그녀의 마음은 평온해졌다. 왜냐하면 그 예비 신부는 그 남자와 결혼하기를 확실히 원하고 있었기 때문이었다. 그리고 그 결혼은 더할 나위 없이 만족스러운 것이었다.

"참 이상하네요. 당신의 자매들은 결혼을 성급하게 하는군요." 라고 말할지도 모르겠다. 그러나 전혀 그렇지 않다.

그러한 구혼은 선교사들 사이에는 아주 일반적이다. 이유는 분명하다. 선교 현지에서는 결혼에 적합한 이성들과 친해질 수 있는 기회가 아주 적기 때문이다. 선교사가 결혼을 하기 위하여 그의 소명을 포기하지 않는 한 그의 선택의 범위는 어쩔 수 없이 다른 선교사들에게 국한되어 있다. 현지 사역을 할 때 선교사들은 대체로 넓은 지역으로 흩어진다. 대부분의 선교 센터에는 선교사 두, 세 명이나 네 명이 함께 생활하는 단 한 채의 선교관이 있을 뿐이다. 분명히 미혼 남녀 둘이 한 팀으로 같은 선교관에서 지내기는 쉽지 않다. 이성 미혼 사역자 두 명을 한 그룹에 속하게 하는 선교사 배치는 일반적으로 파격적이기 때문에, 대개 미혼 여성 선교사들은 같은 선교 센터로 파송되고 그리고 남성 선교사는 (혹은 많이 있다면, 여러 남성 선교사들은) 다른 곳으로 파송된다. 여름 휴양지에 가는 것을 제외하고는 대부분 그들의 선교여행은 그들이 소속한 지역에 한정되

므로 자신의 지역 외에서 사역하고 있는 다른 선교사들을 만날 기회는 그리 많지가 않다.

고려되어야 할 다른 요인으로는 선교 현지의 관습이 남녀가 이국땅에서 서로 사교적으로 어울릴 수 있는 환경을 금하고 있는 것이다. 대부분의 선교사들은 주민들과 접촉할 수 있는 가까운 곳에 사는데 이것은 그들이 당연히 해야만 하는 일이다. 사람들과 떨어져 있기를 원하는 성향의 선교사는 많은 개종자를 만들 것 같지 않다. 지역 주민들은, 그들이 기독교이든 불신자이든, 자유로이 선교사의 집을 방문할 수 있어야한다. 그리고 현지 사역의 대부분은 그러한 조용한 만남을 통해 이루어진다. 선교사들은 이방인으로 현지에 들어와서 주민들에게 새로운 삶의 방식을 보여 준다. 선교사들이 행하는 일거수일투족을 그들은 지켜보고 있다. 때때로 그 지켜봄이 비판을 하기 위함일 수도 있고 때로는 모방하기 위함이기도 하다. 그러나 어쨌든 언제나 지역 주민들은 선교사들을 주시하고 있다. 그 감시자들이 본 것이 그들에게 유익한 것 같으면 그들은 선교사들이 전파하는 하나님에 대해서도 그들 자신을 맡길 수 있게 될지도 모른다. 만약에 그들의 감정을 상하게 하는 일들을 본다면 현지인들은 흔들릴 것이며 선교사들로부터 멀어질 것이다. 이런 이유로, 선교사들은 선교 현지의 관습들을 염두에 두어야만 하고 그래서 이방의 땅에서 두 이성간의 단순한 친근함이 인정되지 않을 뿐만 아니라 의혹의 대상이 되기도 한다.

이러한 사안들에 대한 선교 원칙은 다음과 같은 "CIM 해외 선교사들의 지침서"에서 볼 수 있듯이 매우 엄격하다.

> "동양인들 속에서 선교사는 일상의 생활에서 위엄과 예의를 유지하는 것이 중요합니다. 이것은 단순히 서구인이어서가 아니라 우리가 본질적으로 그리스도인이기 때문입니다. 선교지의 관습을 부주의하게 무시하는 것은 나름대로의 가치관을 가진 현지 주민들의 적대감을 불러일으킬 수 있고 복음을 전파하는데 아주 심각한 장애가 된다는 점을 반드시 기억해야 합니다. 특히 여성 사역자들이 선교사 형제들에게 호의를 베풀 때 많은 주의가 필요합니다. 그 반대의 경우도 마찬가지입니다. 어떠한 행동도 사역에 있어서 오해나 상처를 주어서는 안 됩니다. 또한 약혼한 남녀들은 그들의 행동이 더 이상 옛 관습이나 체면에 매여 있지 않으려 하는 젊은 그리스도인들에게 모범이 된다는 것을 기억하면서 특별히 처신에 조심해야 합니다. 동료 선교사들에게도 좋은 지침이 되겠지요. 약혼한 남녀를 같은 선교 센터로 파송해서는 안 됩니다."(pp 21, 22)

만남의 기회가 한정되어 있는데다가 더욱이 선교 현지의 관습에 따라야 하는 제약으로 인해 젊은 선교사들은 자신들이 정상적인 종류의 로맨스를 가질 기회를 박탈당한다는 느낌을 받기가 쉽다. 두 남녀에게 겨우 열려있는 구애의 장소인 여름 휴양지나 우체국 같은 곳에서 그들이 급속히 가까워지고 그래서 많은 경우 고국에서 보다 훨씬 짧은 만남에서 결혼의 약속이 이루어지는 것이 결코 놀라운 일은 아니다. 만약에 당신이 서로를 알게 되고 연애를 할 수 있는 시간이 몇 주 밖에 되지 않는다는 것을 안다면, 그리고 몇 주의 시간이 흘러 각자의 임지로 돌아가야만 하고, 적어도 더 이상 만날 수 있는 기회가 한 해 뒤 외에는 없다는 것을 안다면 아마도 당신 역시 서두를 수밖에 없을 것이다.

만약에 평생의 반려자를 선택하는 일이 순전히 자기가 결정하는 것이라면 선교 현지에서 일어나는 이러한 종류의 선택은 아마도 수많은 비극으로 이어질 수도 있다. 그러나 하나님께 감사를! 우리 선교사들의 경우는 그렇지 않다. 우리로 하여금 선택을 하고 결정을 내리게 하시는 분은 결국 하나님이시며 우리는 그분께 의지할 수 있다. 분명히 젊은 선교사들은 이런 결혼 문제를 놓고 명확한 기도를 하나님께 드려야만 한다.

하나님께서 두 사람을 서로를 위한 반려자로 선택하셨다면 그분께서 그들이 만나게끔 주선하실 것이다. 하나님의 인도하심에 대해서, 그들의 마음속에 하나님께서 증인이 되어주시므로 그들은 주저하거나 두려워할 필요를 느끼지 않을 것이다. 만일 하나님의 뜻에 상관없이 우리의 마음을 결정했다면 그 결과는 불행이다. 그러나 우리가 완전히 하나님께 그 문제를 맡기고 그분의 완전하신 의지로 해결해 주실 것을 믿는다면 우리는 자신감을 가지고 나아갈 수가 있고 이 결합이(하나님께서 정해주신 것이라면) "빛 가운데로 걸어가는" 올바른 길이라는 것을 알게 된다. 만약 여러분이 의심스럽다면 선교사 부부들을 한번 잘 살펴보라. 선교사 생활의 모든 어려움과 위험에도 불구하고, 기혼 부부의 행복도가 그 누구보다 선교사부부들에게서 더 높다는 사실을 발견하게 될 것이다.

아직 거론되지는 않았지만 젊은이들에게 또 다른 문제가 있다. 선교지에 미혼여성들이 미혼남성보다 두 배나 많을 경우, (그것은 현실인데) 여성 중에는 선교사가 아닌 남성들과 결혼해서 선교지를 떠나거나 그렇지 않으면 독신으로 남게 된다. 종종 우리는 선교지에서 미혼남성의 부족함을 한탄한다. 그리고 사실 많은 경우 남성의 역할이 현지 사역에 중요한 부분을 차지한다. 그러나 나는 항상 내 언니가 했던 말을 기억한다.

"현지에 오기 전에 나는 선교지에 수적으로 여성이 더 많은 이유가 그리스도께 더 온전히 헌신하는 여성이 남성보다 더 많기 때문이라고 생각했어. 그런데 현지에서 어느 정도 지낸 후에 나는 생각이 바뀌었어. 이제 나는 하나님께서 남성보다 여성을 더 많이 부르셨다고 믿어. 왜냐하면 더 많은 여성이 필요하기 때문에."

미혼 여성 선교사들이 남자 선교사보다 선교 현지에 더 많이 있는 이유는 우연이 아니라 여성이어야만 할 수 있는 일이 있기 때문이다. 우리는 일부다처제를 믿는 사람들이 아니기 때문에 여자 선교사 중에 결혼하지 못하는 경우가 있다. 그러나 그 미혼 여선교사들에게는 다른 그 누구도 할 수 없는 일이 있다. 대부분의 남자들은 아내를 필요로 한다. 그리고 남자가 아내와 가족이 있는 가정을 꾸리는 것이 현지 선교사역에서는 여러 모양으로 장애보다는 도움이 된다. 남자 선교사는 설령 결혼했어도 힘들기는 하지만 필요성 때문에 가족을 몇 주나 몇 달씩 떠나서 선교지 순방을 자주 한다. 그러나 결혼한 여성 선교사는 어머니가 되면 자녀와 가정에 매이게 된다. 활동의 범위가 살고 있는 주변으로 제한되고 전도를 위한 여행도 쉽게 하지 못한다. 수개월씩 다니며 사역하는 전도단과 함께 나갈 수도 없고, 여성들을 위한 성경 공부 반을 인도하기 위해 이 교회에서 저 교회로 다닐 수도 없다. 많은 지역에서 남성 사역자 팀들이 전도여행을 할 때 여성들은 거의 그냥 남아있게 된다. 여성들에게 다가가기 위해서는 반드시 여성 사역자가 필요하다. 기혼 여선교사가 해야 할 일은 수없이 많이 있다. 그러나 책임져야 할 가사 일로 인해 그 모든 일을 감당하기가 불가능하다.

"나는 바로 그런 일을 하고 싶답니다." 젊은 여선교사가 말한다. "몇 주나 몇 달 동안 시골 마을에서 현지인의 집에서 그들과 하나 되어 살고 싶습니다. ― 그래야 중요한 사역을 할 수 있지요. 그래서 저는 결코 결혼하지 않을 겁니다." 다른 선교사는 또 다르게 말한다. "결혼한 여자는 미혼으로서는 도저히 불가능한 일을 많이 할 수 있답니다. 어쨌든 난 노처녀로 살기는 싫어요! 남성의 수가 여성의 반뿐이라고 해도 누군가는 결혼을 할 것이고 난 그 중의 한명이 되고 싶어요."

글쎄, 둘 다 옳지 않다. 자신이 어떤 종류의 일을 할지는 자기에게 달린 게 아니다. 결혼을 할지 독신으로 남아 있을지도 자신에게 달려 있지 않다. 대개 결혼하고 싶어 하기 때문에 혹시 하나님께서 자신을 독신으로 남기를 원하시는지도 모르겠다는 생각을 해보는 것도 좋을 것이다. 이 말은 독신주의를 격려하는 말이 아니다. 한 젊은 여선교사는 여러 동료 사역자들에게나 심지어 현지 성도 몇몇에게 자기는 결코 결혼하지 않을 거라고 했다. 하나님께서 그녀를 다루기 시작했다. 그 즈음 한 젊은 남자가 그녀의 마음을 사로잡았다. 그녀는 마침내 하나님께 항복하고 스스로 독신선교사가 되겠다고 했던 그 꿈을 포기했다. 수년 후 그녀는 아주 행복한 선교사 아내이며 어머니가 되었다.

위의 내용들은 특별히 젊은 여성들에게만 아니라 젊은 남성들에게도 적용될 수 있다. 남성들이 독신으로 살아야 할 필요가 있는 경우는 특히 개척 사역과 같이 여성들이 하기에는 불가능한 일을 해야 할 때일 것이다. 이는 아마도 '가정'이라고 불릴 수 있는 그 어떤 것도 포기해야 할 경우이다. 남자가 두 명이 함께 산다고 해도 '함께 끓여먹고 사는 일'은 보통의 경우 아주 힘이 든다. 그러나 주께서 소명을 주실 때는 은혜도 함께 주실 것이다. 그런 면에서는 여성들이 훨씬 유리하다. 두 명의 미혼여성은 함께 생활하면서 가정다운 가정을 꾸릴 수 있지만, 대부분의 남성들은 그러한 은사가 없는 것 같다.

독신과 기혼 여성의 장단점에 대해서 많이들 이야기한다.

독신 여성들은 확실히 모든 시간과 에너지를 사역에 부어넣을 수 있는 이점이 있는 반면 결혼한 여성은 또 미혼여성이 할 수 없는 면에서 결혼한 부인들에게 도움을 줄 수 있다. 그것은 누가 임의로 결정할 수 있는 사안이 아니다. 이 말씀을 기억하라.

"각각 하나님께 받은 자기의 은사가 있으니 하나는 이러하고 하나는 저러하니라." (고전 7:7) 하나님께서 우리로 하여금 하도록 하신 일이 그 무엇이든지 간에 우리는 할 수 있다. 각 상황은 그 나름의 축복이 있다. 선교 사역지에서 자녀를 기르는 일이 "육체의 가시" (고전 7:28)로 생각되는 사람에게는 독신이 훨씬 낫다고 느낄 것이다. 물론, 어떤 면에서는 독신생활이 훨씬 쉽다. 그러나 독신으로 살아간다는 것 또한 쉬운 일이 아니다. 사람들은 누구나 누군가를 그리워하며 "속하고" 싶은 마음을 갖고 있다. 그리고 아마도 독신 선교사가 직면하는 가장 힘든 부분은 결코 누구에게도 "너랑 함께 살고 싶어"라고 말할 수 없는 일일 것이다.

08 chapter 평범한 가정생활을 할 권리

"결혼 후에도 여성은 선교사로서 현장에서 계속 섬길 수 있으며, 변화된 위치로 인해 새로운 사역의 기회가 열릴 수 있다. 언어공부나 집안 일, 그리고 선교사로서의 소명을 감당하는 일을 위해 시간을 잘 분배할 필요가 있다. 이것은 사고방식이나 습관의 변화를 요구할 것이지만, 결혼생활에 동반되는 이러한 일들을 기도하는 마음으로 잘 받아들인다면 시간과 노력을 필요로 하는 다양한 의무와 주께 대한 충성 사이에서 갈등하지 않을 것이다."

"크리스챤 가정은 하나님의 영광과 복음 전파를 위한 것이어야 한다. 선교사들이 자기 가정사에 지나치게 몰두한 나머지 섬기라고 부르심을 받은 자리에서 사역을 소홀히 하는 일은 없어야겠다. 남편이나 아버 모두 각자의 사역을 성취하는 일에 서로에게 방해가 되지 않도록 주의해야 한다. 아이가 있게 되면 새로운 책임이 추가된다. 그러나 아이에 대한 보살핌도 부모의 시간과 에너지를 독점해서는 안 된다. 사랑 안에서 엄격한 규율 가운데 잘 자란 아이는 그 부모의 기쁨일 뿐 아니라 복음사역에 있어서 커다란 자산이 된다. 그러나 아이가 선교지에서나 가정에서 버릇없고 통제 불능으로 자라게 되면, 선교에 있어서나 하나님의 뜻을 이루는데 치명적인 해가 된다." _CIM, OMF 지침서 (1955), p. 22

크리스챤 가정이란 얼마나 멋진 말인가! 하나님을 알지 못하는 수천의 어두운 이교도 가정 사이에 참된 크리스챤 가정을 세워 실제 가족관계 속에서 예수님의 사랑을 실현해내는 일은 남다른 특권이다.

나에게는 이러한 특권이 주어지지 않았다. 하나님은 나를 그러한 길로 이끌지 않으셨다. 하지만 나는 선교 현장에서 많은 젊은 부부(물론, 나이든 부부도 마찬가지지만)를 지켜보면서 그들이 나름대로 치러야 하는 대가가 있음을 알게 되었다. 겉모습만 보는 세상 사람들에게는 그 가정의 사랑과 축복만이 보이겠지만, 그들 가운데 함께 살면서 나는 이 젊은 부부들이 계속되는 문제와 때로는 좌절에 직면하는 것을 보아왔다. 그러면서 나는 내가 과연 그러한 상황에 있었다면, 그들처럼 꿋꿋하게 그 모든 어려움을 이겨낼 수 있었을까 생각한 적이 있었다.

그렇다면 여기서 결혼한 젊은 부부가 선교현장에서 만나게 될 법한 일을 한 예로 살펴보도록 하자. 그들을 존과 메리로 불러보자.

마이 홈 – 그것은 메리가 그토록 갖기 원하던 것이었다. 그녀와 남편 존은 한 학기 정도의 어학연수를 마치고, 선교 현지로 떠나기 몇 달 전에 결혼했다. 그리고 지금은 그들의 사역지로 보내지기 전 그 곳의 언어와 풍습에 익숙해질 때까지 선임 선교사 부부의 집에서 생활하고 있다. 메리에게는 그곳 언어가 쉽게 느껴졌으나, 존에게는 어려웠다. 그리고 그들은 가정을 갖기 전에 그 곳에서 2년 이상을 지냈다. 언어에 빨리 익숙해진 것이 메리에게는 참으로 다행이었다. 사역지로 나온 지 1년 만에 데이빗이 태어났기 때문에 아기를 돌보느라 메리는 하루에 몇 시간씩 공부할 시간을 줄여야 했다.

새로운 임지에 도착했을 때 보니 모자라는 어학공부를 할 만한 충분한 시간이 없었다. 그곳의 작은 교회에서 그들은 짧은 언어 실력이지만 무엇이든 돕기 원했다. 그러나 쉽지 않았다. 언어를 가르쳐 줄 선생님을 찾았으나, 이전의 선생님만 못했고, 메리도 가사 일을 도와줄 가정부를 고용했으나, 일이 능숙치 못해서 차라리 자기가 하는 것이 더 낫겠다는 생각이 들 정도였다. 성도들을 비롯한 손님도 많았다. 존은 그들과 이야기하는 것을 좋아해서 그 덕에 회화는 많이 늘었으나 문서 작업에서 요구되는 언어 실력은 매우 더뎠다. 메리는 가끔 손님들을 문 밖으로 내어 쫓고 존을 서재에 가둬두고 싶을 정도였다. 아기를 돌보는 일과 늘어만 가는 집안 일 가운데에서도 그녀는 다행히 공부하는 것을 좋아했다. 자기가 얼마나 많은 일들을 해 내야 하는지 하나님께서 아시고 언어에 대한 특별한 달란트를 주신 것 같다고 말하곤 했다. 그렇게 바쁜 중에도 밤 늦게까지 공부하느라 그녀는 자주 지치고 피곤했다. 건강을 돌볼 여유가 없어 감기에 걸렸고, 존은 메리를 간호하고, 살림하고, 아기를 돌보느라 여념이 없었다. 그러나 그 아픈 와중에도 메리가 가장 걱정하는 것은 자기가 존의 공부할 시간을 빼앗는다는 것이었다.

귀여운 데이빗의 여동생이 태어날 즈음에도 메리의 건강은 완전히 회복되지 않았다. 그녀는 아프기 전부터 격주로 여성 모임에서 짧은 성경 이야기를 전하고 있었는데, 이제는 도저히 그 모임을 준비할 시간이 없을 것 같았다. 그녀의 더딘 회복 탓에 가족은 예년보다 일찍 선교 휴양지로 여름휴가를 떠나기로 했다. 휴가에서 돌아왔을 때 그녀는 그 곳 언어로 말씀을 전해 본 지가 6개월이나 지나 있음을 깨닫고 긴장이 되었다.

그러나 다행히 모든 것이 훨씬 수월하게 안정이 되어 갔다. 그녀를 돕던 가정부도 이제는 두 아이를 모두 맡겨도 될 만큼 일에 능숙해 졌고, 존의 언어 실력도 느는 속도는 더뎠지만 의사소통에는 큰 어려움이 없었다. 교회도 많이 성장하여, 존의 독려로 인근의 마을이나 시내로 노방전도도 나가기 시작했다. 가끔은 한 번에 몇 주씩 나가있기도 했다. 그들은 존 목사가 항상 동반해 주기를 바랐고, 존도 너무나 행복해 보였다. 그러나 메리는 아이들과 혼자 집에 남는 시간이 많아졌고 그녀가 꿈꾸던 존과의 가정은 어디에도 없었다. 그는 어느 때보다도 그녀를 아꼈지만 나가있는 시간이 너무 많았고 집에 있을 때에도 그를 찾는 손님이 수시로 찾아왔다.

손님이 없는 저녁이면 "여기 편히 앉아서 함께 오붓하게 우리 얘기도 하며 쉽시다." 고 말하고 싶었지만 늘 청교도적 양심이 메리의 마음을 부추겼다. 그래서 오히려 시계를 보면서 밝은 목소리로 말하는 것이었다. "아, 당신, 아직 한 두 시간은 공부할 수 있겠어요. 참 잘 되었네요."

시간은 빠르게 흘렀다. 존은 꾸준히 공부하여 늦은 감은 있지만 필수과목을 이수했다. 메리는 존보다 항상 공부할 시간이 부족했지만, 문서 작업에 있어서는 여전히 존보다 우수했다. 존만큼 회화를 잘 하려고는 꿈도 꾸지 않았다. 처음에는 자기 문제를 그와 상의하려고 했지만, 그가 전도여행에서 돌아오면 언제나 피곤해 해서 차츰 그녀 혼자 대부분의 문제를 떠안곤 했다. 아이들은 별 탈 없이 잘 자라주었다. 그러나 가끔 가까운 곳에 있는 전문의가 멀리 왕진을 갔을 때 아이들에게 탈이 날 경우에는 '가장 능력 있는 의사'가 곁에서 돌봐주시는 것을 새삼 느낄 수 있었다.

데이빗이 네 살 되었을 때, 신임 선교사 둘이 언어 연수원에 오게 되어 메리의 가족들과 지내게 되었다. 총명하고 명랑한 여선교사들이었는데 메리는 진심으로 그들을 반겨주었다. 더 늘어난 식구들로 인해 할 일이 더 많아졌지만 그녀는 불평하지 않았다. 그 중 한 명은 언어가 금세 늘었지만 나머지 한 명은 그렇지 않았다. 메리는 존도 그런 어려움이 있었다고 이야기 해 주며 위로했다. 그 신임 선교사들은 메리의 두 아이를 귀여워했다. 메리는 자신의 아이들이 그들의 공부를 방해하지 못하도록 신경을 곤두세워야 했다. 그들 중 언어에 빠르던 엘리스가 두 개의 어학 시험을 통과한 뒤, 여성 전도단과 함께 시골로 일주일 정도 전도를 나갔다. 그 전도단은 메리가 주선하여 일 년 전쯤 만든 것이다. 그것은 모임이 처음 시작되었을 때부터 메리가 그토록 해 보고 싶던 일이었다. 그러나 아이들 때문에 그럴 수 없었다. 세상에서 제일 소중한 아이들이 아닌가! 엘리스가 돌아와 일주일 동안의 신기하고 재미있던 전도여행에 대해 이야기할 때 메리는 그저 듣는 것으로 만족할 수밖에 없었다. 자신의 방으로 돌아온 메리는 (존은 선교 여행을 가고 두 아이는 잠든 상황이었다) 마침내 참았던 눈물을 흘렸다. 잠든 아이들이 깨지 않도록 조용히 흐느끼면서.

그리고 마침내 휴가기간이 돌아왔다. 오랜만에 보는 고국은 처음에는 낯설게 느껴졌으나 곧 익숙해 졌다. 모두가 아주 친절히 대해 주었고, 여기저기서 선물이 쏟아졌다. 사랑하는 사람들이나 친구들과의 만남은 예상했던 대로였지만, 아무리 친한 친지들의 집이라도 아이들을 데리고 함께 지내는 일은 쉽지 않았다. 그들이 아이들을 너무 예뻐해 주어서 아이들이 버릇이 없어지기 십상이었다. 마침내 몇 달 동안 지낼 아파트가 마련되어 데이빗도 유치원에 다니기 시작했다. 존은 이곳저곳으로 초대되어 설교를 하러 다니는 통에 가끔 메리는 휴가 중에 남편을 보기가 오히려 더 어려워졌다는 생각이 들 정도였다.

고국에서의 휴가는 무척 즐거웠지만 사역지로 다시 돌아오는 것도 좋았다. 그러나 돌아간다는 생각만 하면 메리의 가슴이 찔리듯 아팠다. 어린 데이빗을 학교로 떠나 보내야할 때가 온 것이었다. 선교사 자녀 학교는 그들이 살고 있는 곳에서 너무 멀리 떨어져 있어서 데이빗을 여름방학이나 휴가 기간에 볼 수 있으면 다행한 일이었다. 어린 데이빗을 그렇게 멀고도 낯선 곳으로 보내야하다니… 모든 학령의 아이들은 선교사 자녀 학교에 보내야한다는 규정만 없었어도 메리는 데이빗을 집에서 데리고 있으면서 직접 가르치고 싶었다. 자식에 대한 어머니의 사랑을 그들은 이해할 수 있을까? 그러나 메리는 이내 마음을 고쳐먹는다. 물론 그들도 자식이 있기 때문에 이러한 부모의 심정 또한 이해하고 있다. 모든 것이 다 아이들을 위해서이다. 사실, 메리는 아이들 교육을 위한 훈련을 제대로 받은 적도 없다. 그리고 또 늘 얼마나 바빴던가! 어디서 데이빗을 가르칠 시간을 낼 수 있겠는가? 아마 힘들 것이다.

그녀는 계속 생각하는 것이었다. 더구나, 데이빗도 그와 같은 인종의 또래 친구들과 어울리며 보통의 다른 학교들이 제공하는 것과 같은 '상호 교류'를 통한 교육이 필요할 것이다. 그 동안의 유치원 생활이 데이빗에게 얼마나 유용했는지 모른다. 더군다나 선교 현장에는 아이들을 교육하기에 또 다른 어려움이 많다. 그들이 선교지에서 생활하는 동안 메리는 데이빗이 함께 어울리는 현지의 아이들에 대해 스스로를 다르게 느낀다거나 혹은 우월감을 느끼지 못하도록 최선의 노력을 해왔다. 하지만 그녀도 그 아이들이 하는 모든 행동을 데이빗이 하도록 내버려둘 수는 없었다. 데이빗은 메리에게 왜 다른 아이들처럼 손등으로 콧물을 닦으면 안 되는지, 또는 왜 밤늦도록 놀지 못하고 일정한 시간이 되면 잠자리에 들어야 하는지를 묻곤 했다. 메리는 물론 너는 미국인이고 우리는 다르다는 식으로 대답해 주지는 않았다. 하지만 데이빗도 어느 정도는 그런 느낌을 감지하고, 자신이 그곳 아이들보다 우월한 존재라고 생각하는 듯 보였다. 그럴 때마다 메리는 그러한 상황에 어떻게 대처할지 막막했다.

데이빗이 지나친 자만심과 우월감을 가진 아이로 자라지 않도록 하기 위해서는 그를 멀리 떨어져 있는 학교로 보내는 것이 필요할 수도 있다. 또, 언젠가 데이빗이 함께 놀던 친구에게 화를 내며 욕을 해 대는 것을 본 적도 있다. 도대체 어디서 그런 말들을 주워들은 것일까? 메리는 그때 데이빗이 하는 말을 이해하지 못했다. 하지만 함께 성경모임을 하던 한 부인이 데이빗을 꾸짖으며 무슨 일인지 알아보기 위해 나갔다. 만일 데이빗이 메리와 함께 그곳에 살면서 그런 식으로 계속 나쁜 행동을 배운다면, 정말 대책 없는 일이다. 차라리 멀리 떨어진 학교라도 보내는 것이 낫다. "하나님, 최선의 방법을 알고 계시지요? 저도 데이빗을 보내야 한다는 것을 알고 있습니다. 하지만 너무 마음이 아파요." 메리는 기도했다.

드디어 휴가 기간이 끝나고 존과 메리는 선교지로 돌아왔다. 데이빗은 울음을 삼키며 용감하게 학교로 떠났다. 하지만 그의 애처롭고, 당황스러워 하던 눈빛은 존과 메리의 가슴을 아프게 했다. 슬펐지만, 그들은 사역지에서 성도들과 다시 조우할 것을 기대하며 마음을 추슬렀다. 그러나 갑작스런 통보가 기다리고 있었다. 전에 있던 곳과 전혀 다른 지역으로 급히 파송되어야 하는 상황이 된 것이다. 많은 기도와 숙고 끝에 그 문제는 완전히 결정이 나서 예전 사역지에는 들러 볼 겨를도 없이 새로운 곳을 향해 떠났다. 낯선 사역지의 방 두 개짜리 임대

주택에 살면서 아주 어려운 교회의 사역을 바로 하는 일을 하게 된 것이었다.

이야기는 여기서 끝이 나지만, 삶은 계속되고 있다. 사람은 현재의 어려움은 과장 시키고, 미래의 가능성은 미화시키기 마련이다. 존과 메리는 외지에서의 첫 번째 사역이 너무나 힘들었기 때문에 두 번째 사역은 좀 수월하리라 기대했었다. 하지만 실제로 두 번째 사역이 시작되자 그들은 그 전 사역지에서의 고생은 아무것도 아니라는 것을 깨닫게 되었다.

객관적으로 보더라도 그들의 첫 사역지에서의 생활은 수월한 편이었다. 적어도 그 기간 내에 한 번만 이사를 해도 되었으니까 말이다. 선교사들은 이런 저런 이유로 보통 이 곳 저 곳으로 이사를 다녀야 한다. 어떤 사람들은 피치 못할 사정으로 선교일을 잠시 중단하고 고국으로 돌아가 휴가기간을 가진다. 그리고 그 일은 이렇게 존과 메리처럼 누군가에게 넘겨져야만 한다. 또는 선교지에서의 사역이 확장됨에 따라 새로운 선교사들의 파송과 더불어 기존의 선교사들이 좀 더 먼 사역지로 이동하게 되기도 한다. 혹은 선교지가 전쟁에 휘말려 급히 탈출을 해야 하는 경우도 있다. 이유야 어찌 되었던지 당신은 갑자기 가정이 엉망진창이 되어 짐을 싸서 이동을 하고, 낯선 장소에 짐을 풀고, 새로운 사람과 문제들에 익숙해 져야 하며, 때론 새로운 언어를 배워야 한다.

상대적으로 존과 메리가 그들의 첫 사역지에서 수월하게 일할 수 있었던 또 다른 요인은 까다롭게 구는 사역자가 없었던 것이다. 개척 사역지에서 일을 시작한다거나, 비우호적인 사람들과 일을 해야 하는 상황은 그들에게 없었다. 교회의 여러 가지 어려운 문제들에 직면한 경우도 없었으며, 교인들은 기꺼이 그들을 도왔고 그들의 가르침과 믿음의 생활을 보며 배우고 교훈을 얻었다. 건강에 있어서도 그들은 특별히 보통의 경우를 넘어 심각하게 앓거나 한 일이 없었다. 그래서 첫 번째 사역지에서의 그들의 활동은 젊은 선교사들이 닮고 싶은 모델이 될 정도였다.

존과 메리가 편하게 일을 했다는 것을 이야기하고자 하는 것은 아니다. 어려움이란 선교 사역지에선 늘 있게 마련이고, 그들도 예외는 아니었다. 하지만 그들은 어려움에 직면했을 때 그것을 유익으로 받아들였다. 그 비결은 무엇이었을까? 다름 아닌 그들의 권리를 포기한 데에 있다. 무엇보다도 그들은 평범한 가정생활에 대한 권리를 포기했다. 남편이 집에 있을 때면 항상 손님이 끊이지 않았고 어쩌다 손님이 없는 날이면 존은 어김없이 책과 씨름을 해야 했다. 나중에는 수 일 혹은 수 주 동안 집을 비우기도 했고, 그로 인해 그 가정은 많은 시간을 가장 없이 지내기도 했다. 존으로서는 아내와 아이들과 함께 시간을 보낼 수 있는 평범한 권리를 포기한 것이다. 또한 메리도 엄마로서 자기가 원하는 만큼 아이들과 시간을 보낼 수 없었고 하고 싶은 만큼 뒷바라지하며 챙겨 줄 수 없었다. 더군다나 처음 몇 해를 제외하면 그들 가족만 오붓하게 지낼 수도 없는 처지였다. 대부분 그들은 다른 사람들과 함께 살아야 했다. 늘 하나님 일이 우선이었고 그들의 가정은 그 다음이었다.

이러한 자기희생의 정신이 그들의 가정을 진정한 크리스챤 가정으로 만든 요인이 아니었을까? 사역이 아니고 자기 가정을 우선시하고 자기 가정 중심으로 살았다면 자신들이 진정으로 이루고 싶었던 가정을 이루지 못했을 것이다. 자기 가족 중심으로 사는 가정은 진정한 크리스챤 가정이 아니다. 존은 온 마음을 다하여 하나님을 사랑했기 때문에 기꺼이 그 많은 시간을 가정을 떠나 희생할 수 있었다. 주님에 대한 사랑 때문에 모든 것을 불태워 드리는 열정 – 바로 그것이 그 가정의 축복이었다. 존과 메리는 기꺼이 다른 이들을 자기 집에 맞이했다. 자연적인 감정보다는 사역에 대한 관심이 더 컸기 때문이다. 그들은 또한 치러야 할 대가를 예상했음에도 불구하고, 사랑하는 아이를 멀리 떨어진 학교로 보냈다. 그것이 그 아이를 위해, 또한 그들의 사역을 위해 최선의 선택이라는 사실을 알았기 때문이다. 하나님에 대한 사랑이 가정이나 자녀에 대한 사랑보다 컸으며, 존과 메리 서로 간의 사랑보다도 컸다. 만일 가정에 대한 권리에 집착하고 그것을 최우선시했다면 그들이 진정으로 원했던 하나님 중심의 가정은 이룰 수 없었을 것이다. 그러나 그 권리를 포기함으로써 오히려 그리스도의 사랑이 가장 잘 드러나는 가정을 얻을 수 있었다. 그 사랑이 그들 각자의 삶을 강권했기 때문이었다.

함께 살 사람을 선택할 권리

6개월의 어학 코스가 거의 끝나고 시험을 치른 날이었다. 그들이 애써서 노력한 결과는 아직 나오지 않았으나 대여섯 명의 젊은 여성들이 기숙사에 모여서 코코아 파티를 하며 종강을 축하하고 있었다. 몇 몇은 침대에 길게 누웠고 한 사람은 바닥에 앉아 있고 다른 두 사람은 연기 나는 작은 등유 스토브 위에서 보글거리며 끓고 있는 혼합차를 지켜보고 있었다.

"난 어제 밤에 한숨도 못 잤어요!" 한 사람이 말했다. "깁씨

(Gibb) ―그 당시 CIM의 총 책임자 ― 가 우리의 선교지를 정해 주러 이곳에 오시잖아요. 내 선임 사역자는 어떤 사람일까 궁금하기도 하고 너무 신경이 쓰여 밤새 내내 깨어있었어요."

"주님이 알아서 잘 해결해 주실 거예요! 우리가 그렇게 오래 그 문제로 기도해 왔으니까요! 걱정하지 말아야 해요." 다른 사람이 부드럽게 타일렀다.

"나도 노력했는데 걱정을 안 하려고 하면 할수록 더 잠이 달아났어요."

"어리석군요." 다른 이가 끼어들었다. "깁씨는 적어도 내일까지는 안 올 것이고 당신과의 면접이 언제로 정해질지는 아무도 모르잖아요. 면접은 여러 날 걸릴 것이고 더군다나 당신 이름은 '티'로 시작되잖아요."

"당신은 그렇게 말할 수도 있겠죠. 언니가 같이 중국에 나와 있으니까 당연히 언니가 있는 곳으로 보내질 것으로 생각하겠죠." 처음 말을 꺼냈던 여 선교사가 응수했다. "그러나 우린 헤어져서 완전히 낯선 사람과 살게 되잖아요. 내 선임이 될 분이 날 좋아할지 싫어할지 어떻게 알겠어요. 그러니 불안하죠."

"그래도 걱정할 필요 없어요." 다른 아가씨가 차분하게 말했다. "당신은 명랑하고 활달해서 모두가 좋아할 거예요. 나는 말이 없고 대인관계에 서툴러서 낯선 사람과 같이 있게 되면 무슨 말을 해야 할지 몰라요. 내 선임자가 될 사람은 나에게 실망할 게 틀림없어요.!"

"잠깐 내 말 좀 들어봐요!" 또 다른 사람이 목소리를 높였다.

"좋은 방법이 있어요. 모두들 자기와 마음이 잘 맞는 동역자를 원하잖아요. 그렇다면 유일한 해결책은 우리 스스로 선택하는 거예요. 난 그렇게 할 거예요."

"당치않아요." 서너 사람이 이구동성으로 소리쳤다. "우리가 고른다고요? 우리가 선임자를 선택할 수 있는 것처럼 말하는군요."

"맞아요. 내 선임자는 내가 고를 거예요.! 물론 당장 그럴 순 없겠죠. 깁씨가 고른 사람과 일이 년은 사역해야 하겠지요. 하지만 결국 나는 스스로 고른 배우자와 지내게 될 거예요."

바로 그 때 두 사람이 그 말을 한 사람에게 달려들어 침대에서 바닥으로 그녀를 밀어냈다. "당신이 약혼했다고 해서 우리보다 낫다고 생각하진 말아요." 그리곤 터져 나온 웃음 때문에 그 심각한 토론은 끝나 버렸다.

앞으로 6개월간 난 누구와 같이 살며 일하게 될까? 그 다음 6년은? 남은 인생은? 아침에 눈떠서 처음 보게 될 사람, 밤에 자기 전에 마지막으로 볼 사람, 그리고 그 사이 시간 내내 볼 사람은 누가 될까? 하루 세끼 식탁에 함께 앉을 동역자는 누구이며 여가 시간을 같이 할 친구는 누구일까? 영혼들과 하나님의 교회를 건설하는 일을 위해 간구하는 '은혜의 보좌' 기도 시간에 나와 함께 할 사람은 누구일까? 그렇다. 정말 궁금하다. 선교 이사회가 선교사로 하여금 동역자를 선택하도록 허락하는 유일하게 타당한 근거는 결혼이다. 그리고 결혼한 부부 조차도 한 명 이상의 신임 선교사가 그들 가정에 함께 살도록 요구 된다. 당신이 독신이라면 감독관이나 위원회가 당신의 동역자를 결정한다.

내가 고등학교 다닐 때 품었던 소원 중의 하나는 어떤 환경에든지 다 잘 적응할 수 있게 되는 것이었다. 부유한 가정이나 빈곤한 가정이나 미국 문화에나 다른 나라 문화에나 내가 그 환경 속에서 자란 사람처럼 그 속에서 살 수 있기를 원했다. 이 소원은 괜찮은 것이었고 선교사로서의 그런 자질은 유용한 것이었다. 그러나 문제의 핵심은 환경이 아닌 선교사라는 사람들이 문제였다.

이 말은 몇몇 독자를 실망시킬 수도 있을 것이다. 누구와도 편하게 살 수 있는 것이 내 소원이라고 했다면 아무도 나에게 이의를 제기하지 않았을 것이다. 그러나 그 대상이 선교사라면 이야기가 달라진다. 선교사들이 어떻게 함께 살기 힘든 사람이 될 수 있다는 말인가? 주님을 위해 모든 것을 포기하고 땅 끝까지 가기로 헌신한 주의 종들이 아닌가? 다른 사람이라면 함께 있기 어려울지 몰라도 선교사들과 결코 그럴 리가 없다고 여길 것이다.

선교사들은 물론 세상의 소금이다(나 같은 미성숙한 사람을 제외하고). 그러나 선교지에서 내가 경험한 바에 의하면 동료 선교사와 함께 행복하게 사는 일은 고국에서보다 외국에서 훨씬 더 많은 은혜가 필요했다. 그 이유는 다양하다. 대부분의 선교사들은 다소 신념이 강한 사람들이다. 그렇지 않았다면 해외 사역지로 나가지 않았을 것이다! 그들은 자신이 하고자 하는 바와 그것을 어떤 방식으로 수행할 지를 분명히 알고 있다. 선교사들은 성취해야할 과업에 대해서는 쉽게 합의하지만 그것을 수행하는 가장 좋은 방법에 있어서는 의견 일치가 쉽지 않다. 고참은 신임 선교사의 계획이 신중하지 못하며 비실용적이라고 생각할 수 있고 신참에게 고참 선교사는 진부하고 답답하게 보일 수 있다. 양쪽 다 일리는 있다. 흥분하지 않고 서로의 의견을 나눌 수 있는 동역자들은 정말 행복한 사람들이다!

주도권과 협력이 잘 조화되어 발전시켜나갈 수 있는 동료들도 참으로 행복한 사람들이다.

외로운 선교지에서 선교사들이 왜 동료에게 마음을 닫는지 이해하기 어렵다. 그 곳에는 당신과 같은 나라 사람이 없을 수도 있다. 고국에서 사람들은 가족과 함께 살며 또 직장 동료들과 일하고 그 밖의 친구들도 있다. 그러나 사역지에는 당신의 언어와 배경을 이해하거나 당신과 같은 사고방식을 가진 사람이 없다. 그런 상황에서 다른 사역자 한 사람과 같은 곳에 배치받는다고 하자. 모든 인간은 특별한 친구를 갖고 싶어 한다. 그러나 이 동료는 당신이 친구로 선택하고 싶은 사람이 아닐 수도 있다. 그녀는 당신을 짜증나게 하는 태도를 갖고 있을 수 있다. 당신은 개를 좋아하는데 그녀는 싫어할 수 있다. 그녀는 아주 씀씀이가 알뜰한데 당신은 자유롭게 쓰는 사람일 수 있다. 독신 선교사 둘이 함께 살면서 사역할 때 어떤 면에서 부부가 함께 사역하는 것과 같이 가까울 수 있다. 그러나 이 경우는 함께 사는 상대를 자기가 선택하지 않았다. 물론 그 관계가 일생 동안 지속되는 것도 아니다. 마음이 맞지 않는 동료와 함께 살게 된 선교사는 곧 상대가 바뀔 것이라고 자신을 달랜다. 그러나 이런 마음 상태는 사역을 효과적으로 수행하는데 도움이 되지 않는다.

　결혼한 부부들도 어느 정도 이런 불편을 느낀다. 젊은 부부는 좀 더 나이 많은 부부와 사역지에서 처음 2-3년을 같이 살게 될 수도 있다. 남자가 부족하거나 혹은 다른 이유로 인해 젊은 부부가 적응 기간 동안 독신 여성 연장자들과 함께 살도록 파송받기도 한다. 그 기간이 지나면 자기들만의 집을 갖게 되고 사역도 따로 하게 된다. 그러나 그 기간도 그리 길지 않다. 또 다른 신임 사역자들이 오게 되어, 대부분의 기혼 사역자들이 자기 식구만 사는 경우는 거의 없다. 게다가 남편은 아내와 자녀, 신임 사역자들을 집에 남겨두고 보통 몇 달이나 몇 주씩 집을 떠나 있다.

　독신 선교사들은 이런 선교지 상황을 더욱 예민하게 느낀다. 두 명의 좋은 친구가 함께 한 선교기지에 배치될 수도 있다. 아니면 함께 배치 받았기에 특별히 더 좋은 친구가 될 수 있는 가능성도 많다. 그러나 그들이 좋은 친구라는 이유로 함께 배치 받거나 함께 떠날 수 있는 것은 아니다. 이것은 누구나 다 아는 사실이다. 사역자의 배치는 사역의 성격에 따라 결정된다. 가장 관심 있는 분야가 서로 같다면 두 특별한 친구는 함께 배치 받거나 함께 떠나지만 그렇지 않다면 친하다 해도 서로 헤어지게 된다.

동역자를 내가 선택할 수 없는 상황에서는 두 가지 어려움이 있다. 하나는 마음에 들지 않는 사람과 함께 배치 받는 것이고 다른 하나는 간절히 함께 있고 싶은 사람과 헤어지는 것이다. 첫 번째 어려움은 때때로 찾아온다. 대부분의 선교사들은 마음이 잘 맞지 않는 동역자들과 함께 살아본 경험이 있을 것이다. 두 번째 어려움은 적어도 미혼 사역자들에게 흔한 일이다. 반복적으로 이런 일이 일어난다. 당신과 다른 사람이 서로 모난 부분이 다듬어질 정도로 오래 함께 살아서 서로 잘 맞추게 되었을 때 주로 헤어진다. 우리는 안정된 삶을 원한다. 우리는 친구 사귀기를 좋아하고 그들과 함께 지내기를 좋아한다. 그러나 선교지에서는 이동이 잦다. 새 인원이 계속적으로 충원되고 나이든 사역자는 계속 은퇴한다. 끊임없이 새로운 선교 센터가 만들어진다. 독신 선교사들은, 주로 여성인데, 영원히 함께 하고픈 동역자와 헤어진다.

이쯤에서 누군가가 "너무 부정적이기만 한 견해이군요!"라고 말할 수도 있다. 우리는 긍정적인 측면도 있음을 상기시켜주는 사람에게 감사한다. 우리에게는 우리가 동반자로 선택할 수 있는 분이 계시다. (내가 그분을 선택하도록 허락된 것은 얼마나 놀라운 일인가!) 그분은 결코 우리를 떠나지 않으실 것이다. 우리는 그분께 자문을 받지 않고는 어떤 대상도 - 심지어 남편과 아내도 - 선택하지 않는다. 우리가 그 분을 선택하는 순간부터 그는 우리를 대신해 모든 것을 선택해 주신다.

옛 동양의 관습에 의하면 부모가 중매를 통해 결혼을 준비하였다. 때때로 부부 중 한명이나 두 명 다 결혼생활에 문제가 생기면 중매한 사람을 비난하곤 했다. 서양식의 결혼에는 당사자 밖에 비난 받을 사람이 없다. 미국을 떠나기 전에 나는 중매인과 부모에 의해 하는 결혼은 불행할 것이라고 생각했다. 그러나 한동안 중국에서 사역한 후 생각이 바뀌었다. 전통적인 방식으로 결혼했지만 비 그리스도인들 중에서 비교할 때 결혼생활의 행복도는 미국 보다 중국에서 더 높았다. 스스로 배우자를 고른 사람들의 선택이 항상 현명한 것만은 아니다. 경험이 많은 연장자들이 젊은 사람보다 더 현명한 선택을 할 수도 있는 것이다. 스스로 하는 것 보다 좋은 중매인을 가지는 것이 더 나을 수 있다.

세상의 중매인이 이 정도라면 우리를 위해 선택해 주시는 그 분은 말할 필요도 없지 않은가! 세상의 중매인은 잘 하는 경우도 많겠지만 실수를 할 때도 있다. 우리를 위해 선택해 주시는 주님은 실수가 없으시다. 그래서 싫은 사람을 동역자로 받아들이는 것이든지 좋은 사람을 떠나보내는 상황이든 간에 – 우리를 위해 선택해 주시는 주님은 결코 실수가 없으심을 기억하라.

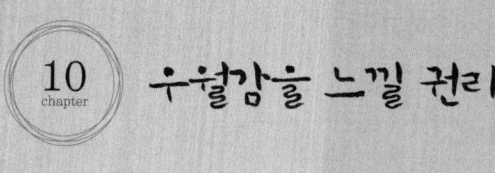

10 chapter 우월감을 느낄 권리

선교 연합 모임이 끝난 후 신학원 학생들이 무리지어 나가면서, 방금 전 들은 설교에 대해 논쟁했다.

"그의 마지막 요점이 뭐라고 생각해?" 한 학생이 물었다.

"인종 편견에 대한 것을 말하는 거니? 단순히 우리의 피부가 희기 때문에 다른 인종보다 우월하다고 느껴서는 안 된다는 것 말이니? 솔직히, 그런 문제는 우리에겐 상관없다고 봐. 인종 편견과 인종 우월 의식이 여전히 존재한다고 인정하지만 선교 단체에선 그렇지 않다고 생각해. 왜냐하면 우리는 사실 모두 선교 지원자들이잖아."

"나도 그렇게 생각해!" 처음 질문을 던졌던 학생이 동의했다. "그 목사님이 그의 청중 속에 선교후보자가 아닌 사람도 있다고 생각하셨나? 하지만 선교 후보자들에게 하는 설교였는데 거 참 이상하네. 설교의 마지막 부분 – 진짜 중요한 부분인데, 나는 잘 이해할 수가 없어."

"그건, 그 분이 너무 구식이어서 그래, 그게 전부야."라며 다른 학생이 끼어들었다. "그가 선교 현지로 갔을 때의 이야기지. – 제국주의 백인과 학대 받는 원주민 – 그러나 시대는 변했잖아. 사람들은 이제 예전과 같지 않아. 각 민족은 그 자신의 문화를 가지고 있고, 그로 인해 세계의 문화가 풍부해지지. 지금은 모두가 알고 있잖아. 그가 사역할 때에 비하면 기독교 사회도 많이 변했어. 우월감이라니! 오히려 우리가 우리 인종에 대해 부끄러워 할 지도 몰라. 세계를 좀 봐 – 문제를 일으키는 것은 항상 백인이잖아!"

"나이든 선교사들 중 몇몇은 제국주의적이었다. 그런 이야기지!" 호리호리한 금발의 젊은이가 대화에 끼어들었다. "나의 아버지가 말씀해 주신 이야기를 들었어야 했는데! 원주민에게 마치 그들이 노예인 것처럼 명령했대. 그런 경우는 물론 많지는 않지만, 알겠지만, 그가 의도한 것은 아닐 거야. 시대는 변할 것이지만 인간의 마음은 그렇지 않아. 자만심은 예전에 그랬던 것처럼 죄로 빠지기 쉬워. 우리가 다른 이들보다 더 낫다는 생각, 피부색 때문이 아니라 경제나 교육 정도 때문일 수도 있다고 생각해."

"너도 알겠지만, 생각하건데 – " 몇 명이 동시에 말하기 시작했다. 갑자기 종이 울렸고, 무리는 여러 방향으로 흩어졌다.

"앤. 나는 너를 찾는 중이었어! 우리 중 한 무리는 '통(Tong) 식당'에 중국 음식 먹으러 가려는 참인데. 너도 같이 갈래?"

"중국 음식? 어! 나는 먹어본 적 없어. 젓가락으로 먹어? 쥐나 생쥐, 온갖 종류의 끔찍한 것들을 주는 건 아니겠지?"

"물론 아니지, 바보같이! 너무나 맛있는 것들이야! 원하지 않으면 젓가락으로 먹지 않아도 돼. 사실은 특별히 젓가락을 달라고 하지 않으면 늘 나이프와 포크를 갖다 주거든. 그러나 나는 특이한 방법을 좋아하지! 이번이 세 번째로 중국 음식을 먹어보는 거야. 우리는 항상 젓가락을 달라고 해. 젓가락을 사용해 보는 것이 아주 즐겁거든! 비록 항상 중간에 포기하지만 말이야. 그 음식은 너무나 맛있고 젓가락을 천천히 사용하기엔 너무나 배가 고프거든, 어때 올 거지?"

"저 사실은, 내가 먹을 수 없는 의외의 끔찍한 음식이 나올까 두려워."

"나를 정말 놀라게 하는 구나, 앤! 너는 선교 지원자야, 그렇지 않니? 너는 생소한 것에도 익숙해 져야만 해."

"알아, 하지만 막대기나 손가락으로 먹는 것은 미개한 것으로 여겨져. - 게다가 모두가 한 그릇에서 같이 먹는 것도, 그렇지 않아? 우!"

"자, 까다롭게 굴지 마! 어제 밤의 설교를 생각해봐? 선교지에서 너는 다른 사람들의 방식도 인정하며 받아들여야 해 - '너의 방법'이 가장 좋다고 생각하지 마!"

"알아!" 앤은 갑자기 매우 진지해졌다. "그런데 한 가지 걱정이 있어. 그 '너의 방법'이라는 것이 가장 좋다면 어떻게 하지?"

젓가락, 또는 나이프와 포크 - 어느 것이 가장 좋을까? 호기심을 유발해서도 아니고 즐겁게 해 주어서도 아니다. 단지 정말 실제로 어느 것이 그들의 목적 - 음식을 편안하고 우아한 방식으로 사람의 입으로 운반하는 것. - 에 유용할까?

앤을 너무 힐난하지 마라. 만일 내가 이런 질문을 당신에게 한다면 뭐라고 대답하겠는가?

당신은 말한다. "자 – 정말로 – " "결국은 – " 그렇다. 그거다. 당신, 앤. 그리고 대다수의 사람들은 자신의 방식이 최고라고 생각한다. 또는 느낀다. 그러나, 중국인이나 일본인 대다수는 어떠한가? 그들은 그 질문에 어떻게 대답을 할까?

그들은 즉각적으로 그들의 방법이 최선이라고 대답할 것이다. 그리고 확실한 것은 우리가 젓가락을 사용해 본 것보다는 그들이 더 많이 포크와 나이프를 써 보았다는 사실이다.

중국에서 사역했던 선교사들과 같이 중국 음식점에 가서 주문할 때 가장 먼저 하는 것은 음식을 대접에 담아서 나이프와 포크 대신에 젓가락과 함께 갖다 달라는 것이다. 나이프와 포크 대신에 젓가락이 제공되길. 왜? 그들에게 물어라. "중국 음식을 나이프와 포크로 먹으면 제 맛이 나지 않지요." 그리고 정말 이상하게도 그 말이 사실이란 것이다.

"그러나, 젓가락은 너무 사용하기 어려워!" 라고 당신은 말할지 모르나 "전혀 그렇지 않다!" 당신은 단지 몇 번의 연습이 필요할 뿐이다. 나이프나 포크도 초보자에겐 젓가락만큼이나 다루기 어렵다.

"그러나 젓가락으로는 어떤 것도 자를 수 없잖아요." 물론 사실이다. "접시 위에 한 덩어리로 담긴 고기를 칼로 잘라서 먹다니 얼마나 야만스러운가?" 중국 음식은 부엌에서 한 입 크기로 먹을 만하게 미리 잘라져 준비된다.

"그러면, 스프와 소스는 어떡해요? 젓가락으로 먹을 수는 없잖아요!" 물론 맞는 말이다. 나이프와 포크로도 먹을 수는 없다. 중국인은 스푼으로 국물은 먹거나 대접째 들어서 마신다.

"어쨌든, 젓가락은 이상해요!" 어색한가? 젓가락은 핀셋 같아서 포크로 찌르고 퍼내는 것 대신 단정하게 한 입 씩 들어 올린다.

현지인들의 생활 방식이 자신들의 방식보다 낫다는 사실을 인정하기는 쉽지 않은 일이다. 선교지에서 "자기 방식"을 고집하려면 오히려 고국에 머무는 것이 낫다. 이렇게 말한다고 해서 현지인들에게 유익할 만한 생활 방식이 선교사들에게 없다는 것은 아니다. "문명화된 방식", 또는 "서양" 방식이란 이유로 그 방식이 낫다고 고집한다면 문제에 봉착하게 될 것이다.

처음 중국에 갔을 때 나는 내게 인종적으로 우월하다는 생각이 있다고 생각하지 않았다. 그런데 생각처럼 나 자신이 겸손하지 않다는 것을 깨닫게 한 사건이 있었다. 구정 때였다. 이때 대부분의 중국 여성들은 갖가지 중국의 명절 음식을 마련하여 한 접시씩 골고루 우리에게 싸서 보내기도 한다. 그런 모든 것은 나의 마음을 따뜻하게 하고 이웃의 정을 느끼게 했다. 어느 해엔가 꽤 부유한 여성도 우리 마을로 이사를 왔는데, 그녀는 하인 편에 좀 색다른 선물을 보내왔다. 그런데 그것이 음식이 아니고 돈이었다. 미화의 일, 이 달러의 가치에 해당했다. 돈을 선물로 받기는 그때가 처음이었다.

언제나 음식 같은 선물은 기뻐하고 기꺼이 받았지만 돈을 받자 강한 거부감이 왔다. "난 당신 돈이 필요 없어요." 라는 마음 속 외침이 나의 즉각적인 반응이었다. 그러나 다행스럽게도 선물을 보낸 사람의 마음을 상하지 않게 하려면 이것을 거절하면 안 되겠다는 생각이 들어 웅얼거리듯 감사함을 표시하면서 얼떨결에 그 돈을 받았다. 하인이 떠나고 난 뒤 곰곰이 이 문제를 생각해 보았다. "왜 이리 마음이 불편하지?" 깊은 생각 끝에 나는 그 불편함의 실제 이유가 돈을 받는다는 것이 나 자신을 그녀보다 열등한 위치에 두게 한다고 무의식적으로 느끼고 있기 때문인 것을 깨달았다. 음식을 선물로 받는 것은 전혀 다른 문제이다. 그것은 이웃 간의 정이다. 그러나 돈이라니! 돈은 상식적으로 윗사람이 아랫사람에게 주는 게 아닌가? 아버지가 아들에게, 주인이 하인에게, 많이 가진 자가 못 가진 자에게 주는 것이 아닌가? 물론 이 경우에는 전혀 그렇지 않아 보인다. 돈 선물이 그녀와 같은 신분에서는 흔한 일이고 적은 액수도 아니었다. 그러나 무의식적으로 나를 신분이 낮은 사람으로 취급하는 것처럼 느껴서 강한 거부감이 들었다. 어떻게 그녀보다 우월한 내가 (이것이 나의 솔직한 감정이었다.) 하인같이 돈을 받을 수 있겠는가?

    선교사는 선생님과 같은 존재이다. 선교사는 이방인들에게 그들이 모르는 진리를 전하러 왔으며 그들이 들어보지 못했던 친구 - 예수 그리스도를 소개하러 왔다. 선교사는 당연히 기독교에 대해서 지식적으로나 경험적으로 그들보다 더 많이 알고 있다. 그렇지 않다면 왜 왔겠는가? 그리고 일반적인 세상 지식에 대해서도 아마 더 잘 알 것이다. 또한 고국은 물론 현지에서도 더 낫게 사는 방법, 더 낫게 일하는 방법을 현지 사람보다 더 잘 알고 있을 것이다. 그렇다면 그들보다 자신이 더 많이 알고 있다고 무의식적으로 느끼고 있는데 어떻게 우월감을 느끼지 않을 수가 있는가? 선교사와 함께 일하는 사람들은 그가 많은 지식을 갖고 있는 것을 보고는 그를 아주 위대한 존재로 존경하게 된다. 그렇다면 문제는 더 어렵게 된다. 인종이나, 교육, 경험의 차이 특히 더 문명화된 나라에서 왔다는 이런 우월감을 선교사는 어떻게 극복해야 하는가?

    이러한 우월감을 극복하는 첫 단계는 그것이 존재한다는 사실을 인정하는 것이다. 우리들 대부분은 깨닫지는 못하지만 이러한 종류의 우월감을 가지고 있다. 우리 내부 어딘가에 적당히 포장되어 존재하고 있다는 것을 인정하기만 한다면, 그 우월감이 갑자기 머리를 들고 나타날 때 내가 느꼈던 것처럼 그리 당혹해 하지는 않을 것이다. 실재를 인식하는 것이 극복하는 첫 걸음이다. 두 번째 단계로는, 현지 주민들과 완전히 혼연일체가 되는 것이다. 그들에 대해 제대로 알면 그들이 결코 열등하지 않음을 깨닫게 된다. 가서 하루 24시간을 그들과 함께 지내보라. 단순히 관찰자의 위치에만 있지 말고 그들이 하는 모든 일을 함께 해보라. 그러면 아마도 당신은 그곳 일을 하는데 열 살짜리 아이 수준 밖에는 안 된다는 사실을 알게 될 것이다. 미개한 지역으로 파송되었다면, 그들과 함께 정글에 들어가 필요한 것들을 구하면서, 살아남기 위해 발버둥을 쳐보라. 그러나 문명화되기는 했어도 가난하고 낙후된 지역으로 파송되었다면, 그들의 가정에 들어가 함께 살아보라. 그들이 어떤 음식을 먹고 사는지, 현대적 기계를 사용하지 않고 어떻게 곡식을 갈아 고운 가루로 만드는지, 또 어떻게 야채는 절이고 건

조시키는지, 어떤 고기를 먹는지(만약 고기라는 것이 있다면), 목화를 어떻게 기르고, 따서 물레에 돌려 실을 자아내며 또 염색하여 어떻게 재봉틀도 없이 가족을 위해 의복을 만들어내는지. 내가 종종 그랬듯이 아낙네들이 소일거리 삼아 만들어내는 아름다운 자수품들을 구경해보아라.

당신이 그들의 삶의 방식에 익숙해질 때 즈음이면, 당신이 느낀 우월의식은 대부분 사라지게 될 것이다. 당신은 더 이상 그들을 "무식한 야만인들" 이나 혹은 "비문화인" 이라는 생각을 하지 않게 될 것이며 대신 그들도 똑같이 당신과 나처럼 한 인간으로써 어떤 면에서는 놀라울 만큼 재능 있고, 또 어떤 방면에서는 너무나 어리석은, 우리들 대부분의 사람들과 똑같은 존재들임을 알게 될 것이다.

우리가 우월감을 극복하는데 한 가지 더 필요한 것이 있다. 예수님을 믿는 것이 얼마나 큰 차이를 만들어내는지를 인식할 필요가 있다. 우리가 선교하는 사람들은 불결함과 질병 가운데 살고 있을 수도 있다. 그들은 무지하고 마음은 어둠과 두려움으로 가득할 수도 있다.(우리들 조상들도 예수님을 알기 전에는 똑 같지 않았을까?) 그러나 그들이 세상의 빛 되시는 하나님께로 돌아와서 변하는 그 모습을 그려보라. 그러면 당신은 그 어느 때보다 더 놀라운 하나님의 은혜와 위대한 능력 – 하나님께로 나아오는 자를 말 그대로 "새로운 피조물"로 만드는 하나님의 능력을 경험하게 된다. 현지인들에게 필요한 것은 그들을 그 환경에서 벗어나도록 교육시키는 훈련이 아니다. 손가락이나 젓가락 대신에 나이프와 포크를 쓰는 방법을 배우는 것이 아니다. 진정 그들에게 필요한 것은 그들을 변화시키는 말씀이며, 자신들이 처한 환경 속에 숨어 있는 악과 죄를 극복하는 승리의 삶이다.

복음 안에서 새로워진 삶이 환경까지도 점차 개선시키겠지만 이것은 부차적인 것이다. 오직 한 가지 본질적인 문제는 주님의 말씀을 나누고 구원을 받아들이는 것이다. 사람들이 얼마나 비천하고, 무지하고 타락했는지는 중요하지 않다. 단지 주님만이 인간을 새로운 피조물로, 나보다 훨씬 우월한 존재로 변화시킬 수 있는 능력을 가지고 계신다. 그리고 이것이 그분께서 하시려는 일이다. 나 같은 비천한 죄인이 어느 누구를 낮추어 볼 수 있겠는가? 새로운 피조물이 되게 하시는 그리스도의 능력을 누가 감히 부인할 수 있겠는가?

사랑의 주님, 자신이 더 우월하다고 생각한 이 죄인을 용서하여 주시옵소서! 내 눈을 열어 주님께서 얼마나 깊은 구덩이에서 나를 구원하여 내셨는지 보게 하소서. 당신이 나에게 보낸 사람들과 하나 되게 하시고, 아직 그들에게 변화가 일어나지 않았다 하더라도 믿음으로 그들이 당신의 능력으로 변화되는 것을 볼 수 있게 하여 주시옵소서.

운영에 관한 권리

 새로운 선교 센터를 세웠다. 또 하나의 복음의 승리가 아닌가! 그 일이 어떻게 이루어졌을까? 당신이 선교사이고 선교국의 언어를 잘 배웠다고 가정해 보자. 그리고 예수님이라는 이름을 들어본 적이 없는 미전도 지역으로 파송을 받았다고 가정해 보자. 그 곳에는 동료 선교사도 이미 있을 것이고, 건강도 문제없다. 그 지역의 언어와 관습을 잘 알고 있으며, 하나님을 향한 뜨거운 마음도 있다고 본다. 재정도 걱정 없다. 그렇다면 당신은 무얼 하겠는가? 무슨 일부터 시작할 것인가?

비버 선교사의 예를 한 번 살펴보자. 비버씨 부부는 외지인이 와보지 않은 이 새로운 지역에 파송되었을 때 느끼는 점이 많았다. 만여 명 이상의 주민이 한 번도 복음을 들어 본 적이 없었고 심지어 예수라는 이름 자체를 들어본 사람이 없었다. 얼마나 좋은 도전의 기회인지 가슴이 두근거릴 정도였다.

비버씨 "이런 때는 행동이 필요한 거야." 라고 말했다. "계획을 잘 세운 후 행동에 옮겨야지. 그래서 최대한의 효과를 봐야 해. 어떻게 하면 짧은 시간 안에 이 많은 영혼들에게 예수를 전할 수 있을까? 우리 두 사람만으로 무얼 할 수 있겠어? 우릴 도와주는 사람들이 있어야 돼. 교회 건물도 있어야 하고 현지인 전도사도 한두 명 있어야 해. 교회는 길 가에 있어야 되지. 기독교 학교도 세워야지. 그래야 수많은 젊은이들을 접촉할 수 있지. 물론 교회와 학교는 도시의 중심에 지을 것이지만 작은 읍내와 마을도 고려해야 해. 도시에서 일이 정착이 되면 전략적인 곳에 지교회와 분교도 시작해야 돼. 현대 장비를 사용해서 천막 전도도 해야지. 확성기, 녹음 도구들, 영사기, 그 외의 많은 것들도 필요할거야. 또 사회복지 프로그램을 실시하여 빈곤층에게도 다가갈 수 있도록 해야 해. – 틀림없이 대부분이 다 가난할 것이거든. 구호 기금을 마련하여 그들을 잘 도와준다면 실제적으로 예수님의 사랑을 그들에게 알리는 좋은 방법이 될 거야. 그러면 틀림없이 그 사람들을 우리 교회로 인도할 수 있을 거야."

그들은 이런 식으로 계획을 세웠고 원래 행동파였던 그들은 곧 효과를 보았다. 땅을 사고 건물을 지었다. 선교사 사택과 길거리에 바로 접한 설교 강당, 멋진 학교 건물들, 또 아름다운 교회가 세워졌다. 많은 군중들이 노래를 듣거나 기독교 영화를 보기 위해서, 또 능력 있고 알아듣기 쉬운 복음을 듣기 위해 몰려왔다. 곧 새신자로 이름을 올리는 사람들도 생겨났다. 선교사들의 하인들이 먼저 예배에 참석했고 그들의 친구들과 친척들이 따라왔다.

정원사나 수위처럼 돕는 자들도 필요했다. 그리고 자연스럽게 이들은 처음 개종한 사람들 가운데에서 선택되었다. 이제 빠르게 성장한 이 공동체는 행복한 한 가족이 되었다. 아침마다 모여 기도하며, 불과 세 달 전까지만 해도 들어본 적이 없는 이름이지만 지금은 그들이 구세주라고 부르게 된 주님의 이름을 한 목소리로 찬양한다. 아침부터 저녁까지 사람들이 몰려오면 비버씨는 그들의 힘겨운 삶의 이야기를 들어주며 주님을 소개하고 지혜로운 판단으로 도움을 주었다.

"아무 대가 없이 그냥 많은 돈을 나눠주는 지혜롭지 않다."고 그는 생각했다. "나는 이 사람들이 거지가 되는 것은 원치 않는다. 그들에게는 일자리가 필요하고 누군가가 그들에게 일할 용기를 주어야 하고 훈련도 시켜야 해. 우리에겐 구호기금이 조금 있지 않은가. 그러면 교회 건물을 완성하기 위해서 일손들이 필요한데. 미장일을 하는 새신자를 책임자로 두고 돈이 필요한 가난한 사람들을 모두 데려다가 써야지. – 무작정 그들을 도와주는 것보다 훨씬 나을 거야. – 그러면 이곳이 멋진 곳이 되겠지. 우리 교회에게도 유익이고, 이 사람들에게도 복음을 들을 수 있는 기회가 많아져서 좋을 거야. 이렇게 추진하면 많은 사람들이 그리스도를 영접할 것이라고 믿어."

일은 진행됐다. 많은 사람들이 새신자로 등록하였고, 6개월간의 교육과정을 마친 후 첫 세례를 받게 되었다. 비버씨 부부에게 얼마나 큰 기쁨이었겠는가! 첫 해가 가기 전에 두 번 더 세례를 베풀었고, 그때 비버씨는 집사들을 세워서 교회를 보다 더 조직적인 체계로 만드는 것이 옳다고 생각했다. 그는 집에서 일하던 사람을 포함해서 주께 헌신한 청년들을 성경학교로 보내서 졸업 후 교회 일을 도울 것을 기대했다. 그러면 원래 있던 전도사들을 돌려보내고 (그들은 많은 경우 주인처럼 행동을 했고, 마치 주님의 일을 선교사보다 더 잘 안다고 생각하고 있었다.), 자기가 전도하고 양육한 영적인 자녀들과 함께 이 사역을 할 수 있을 것이었다. 그들은 비버씨의 지시를 받아가며 즐겁게 일할 수 있을 것이고 주님은 한 마음으로 일하는 그들을 더욱 축복할 것이다. 물론 그 전도사들이 한 마음이 아니었다고 말하는 것은 아니다. 하지만 - 가끔 그는 무언가 부족하다는 것을 느꼈는데 그것은 사역에 대한 열정의 부족이었다.

3년 쯤 지난 후, 비버씨는 여섯 군데의 읍내에 교회 건물을 지었다. 그리고 성경 학교에 재학 중인 학생들이 졸업한 후 나중에 지은 세 교회에서 사역해 주기를 기다리고 있었다. 그는 사역지를 순방했는데 가는 곳마다 사람들은 그에게 도움과 조언을 구했다. 그에게 반감을 갖는 사람이 한두 명은 있었지만, 주님의 일을 하는 것이 항상 쉬울 수는 없지 않은가? 많은 사람들이 그를 아버지처럼 따르고 있었다. 이제는 교회에 집사들뿐 아니라 장로들도 세워졌고 자신의 영적 자녀들이 지도자로 활동하는 것을 보면서 비버씨의 마음은 뿌듯했다. 그들은 확신을 가지고 교회 일을 추진하지 못하고 항상 무슨 계획을 세우기 전부터 비버씨에게 자문을 받았다. 그것은 마땅하고도 옳은 일이었다. 몇 년이라는 짧은 경험으로 교회를 가장 잘 다스리는 법을 그들이 어떻게 알겠는가? 실제로, 경험이 부족하고 무모한 사역자들이 자기 식으로 교회 운영을 하려고 했던 경우가 몇 번 있었을 때, 비버씨가 진정시킨 적이 있었다. 그 미숙한 사역자는 곧 잠잠해지면서 자기 실수를 깨달았다. 교회가 얼마나 행복한 공동체였는지! 모든 것이 비버씨가 계획한대로 잘 풀려 나가지 않는가! 참으로 하나님은 선하시기도 하다.

비버씨가 그 새로운 선교 센터에서 그의 대단한 계획을 이루기 시작했을 때 쯤, 다른 지역에도 트레이너씨라는 선교사가 파송되었다. 그는 그렇게 활동적인 사람은 아니었지만 아직 세워지지 않은 교회에 대한 분명한 비전은 가지고 있었다. "그리스도의 몸" 인 교회! 그리스도가 내주하심으로 인해 세상의 빛이 되는 교회! 교회의 각 지체는 머리와 생명으로 연결되어 있고 따라서 필연적으로 서로 다른 지체끼리도 생명적 관계로 연결되어 있다. 성령이 내주하시는 각 지체와 그들로 이루어진 교회는 자신에게 전부이신 그분을 위해 살고 그분을 증거할 책임을 느끼고 있다. 트레이너씨가 개척하려고 한 교회는 다음과 같은 교회였다. ─ 하나님께로 뿌리를 내린 살아있는 유기적인 교회. 교회에 무언가 필요할 때 선교사나 다른 사람을 바라보거나 의지하지 않고 오직 그리스도 중심으로 이루어진 교회. 성령께서 주시는 선물을 받아 교회의 덕을 세우며 영혼들을 천국으로 인도할 수 있는 교회.

트레이너씨는 비버씨와 마찬가지로 선교지의 중심부로 들어가서 자리를 잡았다. 그의 "본부"는 손수건만한 마당이 있는 작은 셋집이었다. 그는 건물을 짓지 않았고 몇 안 되는 방에는 가구가 거의 없었다. 그가 가지고 있는 것이라고는 책뿐인 것처럼 보였다. 천막 교회도 없었고 일을 도울 직원도 없었다. 그러나 그는 매일 대문 앞에 탁자와 의자를 내놓고 탁자 위에 현지 언어로 인쇄된 전도용 소책자를 쌓아 놓은 후 거기서 책을 읽었다. 지나가는 사람들이 그 책들에 관심을 보였다. 어떤 이들은 책자를 받았고 더 알기 원하는 사람들에게는 아주 쉬운 말로 복음을 설명했다. 사람들은 복음서와 소책자를 샀다. 어떤 사람들은 매일 일을 끝낸 후 저녁에 들러서 트레이너씨에게 찬양을 배우고 함께 말씀을 읽었다. 남은 시간에는 가게마다 방문해서 소책자를 나누어 주고 그들에게 시간이 나면 놀러 오라고 했다.

트레이너씨의 선교관은 비버씨네에 비하면 아주 작았다. 학교도 교회당도 없었다. 처음에는 공적인 예배도 없었다. 올 사람이 누가 있었겠는가. 그 지역 전체를 통틀어도 신자가 없었다. 사람들은 재정적인 도움을 위해서 찾아오지도 않았다. 다른 사람들보다 더 가난해 보이는 사람에게 돈을 빌리러 온들 무슨 소용이겠는가? 그러나 그는 "주님께서 그 마음을 열어 주신" 소수의 사람들을 모았다. 숫자로 보아서는 비버씨가 세례 준 사람들보다 훨씬 적었지만 그 기쁨은 비버씨와 다를 바 없었다.

이 개종자들이 세례를 받기도 전에 트레이너씨는 교회에 대해서 가르치기 시작했다. 또 그들 안에 성령께서 내주하신다는 것을 가르쳤다. 그가 날마다 그들을 은혜의 보좌로 인도했기 때문에 그들은 처음부터 기도하는 법을 배웠다. 또 그들의 가족이나 친구들을 주께로 인도하고 싶어 하는 열망을 넣어주었다. 각자의 모임에서 뿐 아니라 주님을 모르는 사람들에게도 주님에 대해 증거하도록 격려했다. 소규모 저녁 모임에 사람들을 초대해서 그들 앞에서 간증하도록 권했다. 트레이너씨는 자기가 지나치게 간섭하지 않도록 주의했다. 기도하면서 성령께서 증거할 방법과 수단을 그들에게 직접 가르쳐주시도록 기다렸다. 얼마 되지 않아 그들은 트레이너씨를 자기 집에 초대하여 믿지 않는 다른 가족들에게 복음을 전해달라고 하였다. 그럴 때마다 그는 자기가 말씀을 전할 뿐 아니라 자신을 초대한 사람에게도 간증할 기회를 주었다. 어떤 때는 참석한 사람들도 자기 믿음에 대해 얘기하기도 했다. 그 이후 다른 집에서도 편안한 작은 저녁 모임들이 자연스럽게 생기게 되었다. 돌아가면서 모임을 인도하며 그 자리에서 생각이 나는 대로 간증하고 개인 경건 시간에 은혜 받은 말씀에 대해서 서로 의견을 나누었다. 주님을 증거해야 했던 기회에 대해 이야기하고 기도 제목들을 내놓고 돌아가면서 기도하는 시간도 가졌다. 이런 식으로 영혼들이 주께로 나오게 되었는데 선교사의 직접적인 노력 때문이 아니라 믿은 지 얼마 되지 않은 신자들의 역할로 인한 것이었다. 그에게는 이것이야말로 가장 큰 승리였다!

트레이너씨는 노방전도를 간절히 원했지만 자기 혼자 애쓰려고 하지 않고 그것이 전교회가 함께 참여하는 일이 되길 원했다. 그래서 그는 자제하며 아무 말도 하지 않고 계속 기도만 했다. 그러던 어느 날 교회원 중 한 사람이 "더 많은 사람들이 와서 복음을 들을 수 있는 곳에서 모임을 가지는 게 어떨까요?"라고 물었을 때 그의 기쁨은 어떠했겠는가! 아무도 그 일에 맞는 가능한 장소를 생각하지 못하자 그는 자기가 경험했던 야외 집회의 형태를 제안했다. 그것은 사람들이 들어보지 못한 것이어서 어떤 사람은 그 가능성에 대해 의심스러워했고 또 다른 사람들은 놀랍게 생각했다. 그는 그런 모임을 어떻게 운영하는지에 대해서 그들이 묻는 질문에 대해서만 대답해 주었을 뿐 그 이상은 더 이야기하지 않았다. 그 후 1, 2주 동안은 그 주제에 대해서 아무런 말이 없었다. 그러더니 갑자기 모두가(아마 서로 의논한 것 같았다.) 트레이너씨를 찾아와 야외집회를 가지고자 하니 도와달라고 하였다. 악기들도 동원하는 등 철저히 준비를 하여 첫 번째 집회를 열었다. 결신자는 없었지만 많은 사람들이 와서 들었다. 그 날 이후로 그 집회를 정기적으로 갖게 되었다는 사실에 현지 성도들은 기뻐했다.

이런 모임에서 간증을 하거나 짧게 복음을 전하기 위해서 어린 신자들은 성경공부의 필요성을 절실히 느꼈다. 그래서 보통 때 모이던 간증과 기도 모임 대신에 정규적인 성경 공부를 일주일에 두 번 하게 되었다. 처음에는 주로 다음 집회에서 말씀을 전할 사람을 돕는 일에 신경을 썼지만 나중에는 성경을 권별로 공부하거나 주제별로 공부할 수 있도록 트레이너씨에게 부탁했다. 빼곡이 노트를 채우고 성경 공부하는 방법에 익숙해졌으면서도 그들은 무엇보다도 성령께서 말씀을 깨닫게 해주시도록 의지해야함을 배웠다.

처음으로 주를 믿는 사람들이 생겼을 때, 트레이너씨는 이제 주일에 만나자고 했다. 처음에는 대부분 그가 예배를 인도했다. 세례 교인이 12명 되었을 때 그는 사도행전 6장의 예루살렘 교회처럼 집사들을 세우도록 격려했다. 사람들은 주님의 인도하심을 구하며 오래 기도했는데 집사들이 선출된 것을 보고 그들은 모두 성령께서 하신 일임을 알았다. 집사들이 세워지자 그는 모든 예배 순서를 그들이 인도하도록 자신은 뒤로 물러났다. 그들로 하여금 돌아가면서 주일 아침 예배를 인도하도록 권고했다. 설교까지 그들에게 하도록 했다. 자기도 차례가 오면 기쁘게 동참했다. 그런 식으로 교회의 일이 이루어졌다.

그러한 일이 진행되는 동안 그들은 여러 집을 돌아가면서 모이고 있었다. 방도 모자라고 의자도 불편해서 집사들은 무슨 조치를 취하기로 결정했다. 다른 교회는 다 건물이 있는데 우리라고 건축하지 못할 이유는 없지 않은가? 그들은 교회 건축을 도울 수 있는 선교 단체나 교회가 있는지 알아보기로 하고 트레이너씨에게 물었다. 교회 건축을 일부, 혹은 전부 도와줄 수 있는 곳이 여러 군데 있기는 있다고 알려 주면서도 그것이 성경적 방법이 아니어서 견고한 교회를 세우는 길이 아닌 것 같다고 설명했다. "우리들의 희생이 없는 거창한 건물보다 허

름하더라도 스스로 세운 교회가 훨씬 나을 거예요." 그들은 그 문제에 대해서 장시간 서로 의논하며 모든 성도들이 함께 깊이 고심했다. 트레이너씨의 생각이 명백히 옳기는 하지만 그의 말대로 교회 건축을 스스로의 재정으로 충당하기는 더욱 불가능해 보였다. 세례 교인이 열서너 명뿐이었는데 그것도 믿지 않는 가정에서 나오는 부녀자와 청년들이 많았다. 그들이 무엇을 할 수 있겠는가? 트레이너씨는 그저 기도하라고 조언할 뿐이었다. 그들도 다른 방도가 없이 기도할 뿐이었다.

마침내 집사들이 성전 건축을 위한 특별 헌금 상자를 만들어 놓고 모금을 시작했다. 건축에 필요한 액수에 비하면 턱없이 부족했지만 시간이 지나면서 기대 이상의 헌금이 들어오기 시작했고 헌금은 점점 많아졌다. 어떻게 알았는지 기금 마련 바자회나 행사를 하자고 집사들이 제안했다. 트레이너씨는 이 의견에 반대했지만 자기에게는 강력하게 반대할 아무 권한이 없다고 생각했다. 결국 교회는 자신의 힘으로 서고 있었고 그 존폐는 오직 그리스도에게 달려있었다. 그는 계속 많은 시간을 들여서 기도할 뿐이었는데 결국 그런 의견들은 실행되지 않았다.

그러던 어느 주일 예배 후 놀라운 발표가 있었다. 도시의 어느 부유한 사업가가 교회 건축 부지를 아무 조건 없이 기부했다. 그 발표 후 헌금이 다른 달보다 무려 10배나 되었다. 그 소식을 들은 다른 교회도 그들이 애쓰는 이야기를 듣고 헌금을 보내왔다. 성도도 늘어나기 시작했고 새로 믿게 된 사람들도 헌금을 하기 시작했다. 그때 집사 두 명이 한 가지 제안을 했다. "우리가 직접 건축을 하면 어떻겠습니까? 비용이 많이 절감될 텐데요."

그 계획을 실행으로 옮기는 데는 신중해야 했다. 그런데 누군가의 이웃이 건축가이어서 그의 도움을 받아가며 마침내 건축이 시작되었다. 많은 사람들이 일과 후 여러 시간씩 노동을 제공했다. 물론 어려움도 있었지만 기도와 인내로 이겨냈다. 건축이 시작된 후 헌금도 더 들어왔다. 마침내 작은 교회 하나가 세워져 처음으로 주일 아침 예배를 그 곳에서 드릴 때의 기쁨이란 이루 말할 수 없었다. 동네 사람들과 친구들이 예배에 참석했고 집사들이 차례로 말씀을 전했다. 설교 강사도 초빙했는데 그 강사의 교회에서 후원금도 보냈다. 예배는 두 시간을 넘겼지만 사람들은 모두 기뻐했고 새 예배당을 놓고 주님께 감사하며 찬양을 드렸다.

몇 년이 흘렀다. 비버씨와 트레이너씨의 일은 계속 진행되었다. 그런데 갑자기 나라가 전쟁에 휩싸이게 되었다. 설상가상으로 선교사들이 적으로 간주되기 시작했다. 대대적인 대피가 이루어졌다. 비버씨와 트레이너씨는 안식년을 앞두고 있었다. 그렇지 않더라도 현지에 남아 있는 것은 성도들에게 해가 될 뿐이었다. 그들은 짐을 꾸려 아슬아슬하게 빠져나왔다. 며칠이라도 더 있었다면 수용소에 갇힐 수도 있는 상황이었다. 그들이 고국으로 돌아왔을 때 하나님이 어떻게 교회를 세우시고 영혼을 구원하시는지, 또 그들을 각자의 위험한 상황에서 어떻게 구해 주셨는지 간증할 수 있었다. 그들은 항상 이 말로 끝을 맺었다.

"그 곳 성도들을 위해 기도해 주세요. 전쟁 때문에 우리가 떠난 후로는 소식을 알 수 없습니다. 그들이 진리 가운데 굳게 서 있을 수 있도록, 전쟁과 고난에도 불구하고 교회가 성장하고 확장될 수 있도록, 그래서 더 많은 영혼들이 그리스도께로 돌아올 수 있도록 기도해 주십시오."

전쟁이 끝났다. 나라 간에 다시 우호 관계가 수립되었다. 두 선교사 모두 유익한 안식년을 지냈다. 그들은 휴식과 영적 회복의 시간, 선교사들의 필요와 어려운 점들, 그리고 선교현장에서의 승리를 알리는 시간을 가진 것이다. 두 사람은 다시 선교지로 돌아가서 주 안에서 자녀된 사랑하는 성도들을 만나고 싶었지만 그럴 수 없었다. 각자에게 다른 소명이 생겨서 둘 다 예전 선교지로 돌아가지 못했다. 대신 다른 선교사들이 파송되었다. 그런데 그들은 전임 선교사들이 어떤 사역을 했는지 아는 바가 없었다. 자, 그 두 지역에서 새로운 선교사들은 무엇을 볼 수 있었을까? 충분히 짐작하리라 생각한다.

비버씨의 선교 센터는 항상 해외에서 충분한 돈이 들어왔었다. 기독교인이 되면 원조금이나 일자리, 자녀 무료 교육의 혜택을 받을 수 있어서 심령의 변화와는 상관없이 형식적으로 교회에 다니는 사람이 많았다. 전쟁이 나고 선교사가 돌아가자 일자리는 없어지고 학교는 문을 닫았다. 전도자들에게 월급을 지급할 사람이 없었기 때문에 그들은 점점 다른 곳을 떠돌거나 세상일을 찾아갔다. 집사나 장로들은 비버씨로부터 명령받는 일에 익숙해 있어서 스스로 일을 찾아하는 실제적인 경험이 없었다. 심지어 어떤 리더들은 진정 회개하고 그리스도께로 돌아온 것이 아니라 그들이 얻을 수 있는 물질적인 이익 때문에 교회 안에 있었던 것이다.

비버씨가 떠나자마자 그들은 누가 그의 자리를 대신해서 "우두머리"가 될 것인가를 놓고 싸웠다. 비버씨나 그가 월급을 주며 사역하던 일꾼들이 떠났기 때문에 예배를 인도할 사람들이 없었다. 장로나 집사들은 설교를 해 본 적이 없었다. 몇 사람이 시도해 보았지만 사람들을 모으지 못했고 결국 거의 아무도 나오지 않게 되었다. 또 재산에 대한 소유권 논쟁이 터졌다. 사실 그것은 그들 재산이 아니라 선교회의 재산이었다. 그러나 선교사가 떠나고 없을 때 분명히 교회가 그것을 맡아 관리해야 했다. 장로나 집사들의 동의를 얻기도 하고 또는 아무 허락도 없이 몇몇 "기독교인" 가정이 빈 건물로 이사 들어 왔다. 그들은 어차피 그 건물에 누군가 살아서 세를 내야한다고 생각했다.(그러나 그들은 한 번도 세를 낸 적이 없다) 예배는 점차 사라지게 되었다. 신실한 기독교인들 몇 명이 가끔 가정에서 예배를 드렸다. 그러나 아무도 예배 인도에 대해 훈련받은 적이 없었기 때문에 찬양하고 성경을 읽고 기도하는 일이 그들이 할 수 있는 전부였다.

하지만 다른 선교 센터에선 무슨 일이 일어났는가? 그곳의 상황은 아주 달랐다. 그들은 전쟁의 슬픔을 겪었지만 바로 그들 곁에 함께 하신 주님도 경험했다. 교회 일을 자발적으로 해 왔기 때문에 그들에게는 교회 일을 계속 하는 것이 그리 문제가 되지 않았다. 돈을 구하기는 어려웠고 많은 젊은이들이 전장에 나갔지만 사람들의 심령은 그 어느 때보다도 갈급했고 세례 받는 사람들은 늘어났다. 그들은 트레이너씨를 그리워했지만 그 어느 때보다도 주님께 더 가까이 갔고 주님만이 그들의 모든 필요를 넉넉히 채워 주시는 분임을 알게 되었다.

트레이너씨의 방법이 옳았고 비버씨의 방법은 틀렸다고 말하기는 쉽다. 그러나 우리가 미리 배워서 알고 있지 않았다면 우리 중 과연 몇 사람이 비버씨의 전례를 따르지 않는다고 말할 수 있겠는가? 또 미리 알았다고 해도 우리 선교사들 중 몇 사람이나 자신을 선교 기지의 중심으로 만들어 버리는 위험에서 벗어나 있다고 하겠는가?

"새로 믿게 되었을 때부터 어떤 책임을 맡아야 한다고 말하기는 쉬워요." 라고 우리는 생각한다. "그렇지만 여기서는 아닙니다. 불가능합니다. 이 사람들은 너무나 가난합니다. 너무 무지합니다. 그들에게 일을 맡기면 분명 잘못할 겁니다." 그래서 우리 선교사들은 계속해서 현지 기독교인들에게 해야 할 일을 지시하고 그대로 하는지 지켜본다. 그래서 어린 신자들의 눈에는 기독교인의 삶이 그저 선교사가 시키는 대로 행하는 것으로 보인다.

그것은 바울이 교회를 세운 방식이 아니다. 그는 적극적이고 역동적이어서 어린 신자들을 얼마동안 가르치고 떠난다. 그렇게 하면 그가 떠난 후 얼마 되지 않아서 스스로 성장할 수 있게 된다. 바울은 교회 건물이나 학교를 세우지 않았고 어떤 형태의 혜택도 주지 않았다. 그는 신자들을 자기가 아니라 머리이신 예수님과 연합되어 살아 있는 교회로서 기능할 수 있는 곳까지 인도했다. 바울은 스스로의 힘으로 설 수 있는 교회를 세우기 위해 노력했다. 그들도 바울을 붙잡아 주신 분의 능력 안에서 그렇게 설 수 있었다.

왜 우리 선교사들은 현지 개종자들 보다, 특히 우리가 인도한 사람들보다 주님의 일을 더 잘 할 수 있다고 쉽게 생각하는 것일까? 주님의 일은 근본적으로 지식이나 훈련, 심지어는 경험의 문제가 아니다. 나는 수년 간 성경 훈련을 받았고 나와 함께 심방 다니는 작은 전도 부인은 일생을 통틀어 하루도 학교에서 공부해 본 적이 없다. 나는 세계를 여행했지만 그녀는 태어난 곳에서 30마일을 벗어난 적이 없다. 나는 평생 복음을 들었고 성경을 공부했지만 그녀가 성경을 안 것은 불과 몇 년 전이다. 나는 거듭난 지 30년쯤 되었지만 그녀는 3, 4년 밖에 되지 않았다. 우리는 아프거나 문제가 있는 사람을 방문한다. 나는 전도지를 꺼내서 조심스럽게 복음을 설명한다. 심방 받는 그 여인은 입을 벌린 채 내 말을 듣는다. 최대한 단순하고 명확한 말로 20분 정도 설교한 후에 막 복음의 요점을 제시하려 할 때 그녀가 내 소매를 만지며 진지하게 묻는다. "이 옷 직접 만드셨어요?"

나는 맥이 빠진다. 그녀는 내가 설교하는 동안 내내 그 생각만 했단 말인가? 나를 그렇게 뚫어져라 바라본 것이 단지 그것 때문이란 말인가? 그렇게 열심히 복음 전한 것이 무슨 소용이 있는가?

그러고 나서 내 옆에 있는 전도 부인이 말하기 시작한다. 그녀는 예수님의 생애도 간단하고 정확하게 말할 수 있는 능력이 없다. 그녀의 삶과 마음속의 생각들을 잘 알고 있기 때문에 여인은 이렇게 말한다. (그녀는 사실 구원받기 전 자신의 모습과 똑같았다) "나도 이런 문제 저런 문제 뿐 아니고 또 다른 힘든 문제가 많이 있었지요. 그래서 예수님께 와서 내 죄를 용서해 달라고 했지요. 예수님은 용서해 주시고 내 문제를 다 없애 주셨어요. 그리고 꿈도 못 꾸어 본 평안과 기쁨을 내 맘 속에 주셨어요. 주님께 오세요. 그러면 당신도 그 평안과 기쁨을 누릴 수 있어요."

그 여인이 갑자기 "나도 믿을래요." 라고 말한 것은 틀림없이 나의 멋진 전도 설교보다는 내 동료의 간증 덕분이었다.

당신은 선교사 지망생인가? 선교 현지에 도착하면 "우리와 똑같은" 사람의 단순하고 진실한 간증이 당신의 멋진 노력보다 훨씬 더 많은 결과를 가져올 것이라는 사실을 기억하라. 선교사만이 전도할 수 있다고 생각하지 말라. 방금 구원받은 사람이 당신보다 더 쉽게 효과적으로 증거할 수 있다.

아무리 교육 정도가 낮고 사회적 신분이 낮은 집단이라고 해도 그 안에는 한 사람 이상의 리더가 있기 마련이다. 아무리 가난하고 배우지 못했어도 진정으로 구원 받았고 또 그 사실을 알고 있는 사람에게는 언제나 다른 사람들에게 간증할 준비가 되어 있다. 아무리 가난하고 적은 수의 성도들이라도 계속 인내하며 기도하면 자기 집과 같거나 그보다 조금 나은 모임 장소를 준비할 수 있을 것이다. 교회의 본질은 고딕식의 아치와 스테인드 글라스, 목사들의 검은 가운이나 긴 옷을 입은 성가대에 있지 않다. 하나님의 교회는 또 물질이나 세상 지식에 달려 있지도 않다. 이런 것들은 본질적인 것이 못된다. 그리스도의 몸인 교회의 본질은 인종, 문화, 경제적 수준과 아무 상관없이 그리스도 안에 있으며, 참회하고 용서받은 영혼 안에 있다. 그리스도의 교회는 그리스도께서 위해서 죽어주신 사람들이 살고 있는 어떤 수준에서라도 기능할 수 있다.

선교사가 작은 "교황"이 되기 아주 쉽다. 그러나 하나님은 이를 금하신다. 하나님은 우리 자신만이 갈급한 영혼들을 향한 하나님 은혜의 통로라고 생각하는 것, 혹은 우리만이 하나님의 음성을 들을 수 있는 유일한 사람들이라고 생각하는 것을 금하신다. 믿는 자는 모두 거듭난 그 순간부터 그 안에 성령께서 내주하신다는 사실을 우리가 잊지 않기 원하신다. 하나님, 선교지에 교회를 세운 이후 선교사가 떠나고 없어도 현지 성도들이 교회를 잘 이끌어갈 수 있도록 하는 방법을 가르쳐 주시옵소서. 선교사로서 가장 중요한 그 일을 할 수 있도록 저희를 깨우쳐 주시옵소서!

HAVE WE NO RIGHTS?

12 chapter 예수님이 누리셨던 권리

그분께는 권리가 없었다.

편안한 침대에 누울 권리나
잘 차려진 식탁에 앉을 권리.

자신의 즐거움을 위한
자신의 가정을 가질 권리.

함께 있으면 즐거운 신실한 친구
이해하고 공감해 주는 친구를 택할 권리.

더러움이나 죄악을 피하여
옷자락을 걷고 더 깨끗한 길로 돌아갈 권리.

그분이 갑절이나 사랑을 쏟아주었던 사람들로부터
이해와 감사의 말을 들을 권리도.

자신의 전부이신 아버지께로부터
버림받지 않을 권리조차도 없었던 주님.

주님의 유일한 권리는 수치와 침뱉음과 채찍을 묵묵히 견디는 것이었다.
죄인이 서야 할 자리에 대신 서서
십자가의 고통으로 내 죄를 담당하면서.

주님에게는 권리가 없었다. 그런데 나에게는?
나에게 삶의 안락을 누릴 권리가 있는가?
아니, 나를 안위하시는 하나님의 사랑을 요구할 뿐.

육신의 안전을 누릴 권리가 있는가?
아니, 그 분의 뜻 안에 거하는 안전을 구할 뿐.

사람들에게 사랑과 동정을 받을 권리가 있는가?
아니, 나보다 나를 더 잘 아시는 분과 교제할 권리만 있을 뿐.

사람들의 지도자가 될 권리가 있는가?
아니, 그저 나의 모든 것을 드려서 아이처럼 아버지 손을 잡을 권리만 있을 뿐.

가족과 사랑하는 사람들과 함께 할 권리가 있는가?
아니, 오직 하나님의 품에 거할 권리만 있을 뿐.

나 자신에 대한 권리는 있는가?
아니, 오직 주님을 위한 권리만 있을 뿐.

주님이 달라고 하시면 다 드리겠습니다.
주님이 주시는 것이면 다 받겠습니다.
주님만이 나의 권리!
그 분, 그 앞에 설 때 모든 다른 권리는 무(無)로 사라진다.
주님만이 나의 온전한 권리입니다.
주님께서도 저에 대한 모든 권리를 가지시기를 소원합니다.